이상한 나라에서 왔습니다

오은정 에세이

쏟아지는 눈 속으로 소녀가 떨어졌다.

겨울이 이토록 길 줄은 모른 채.

상강

봄인 줄 알고 핀 꽃처럼

겨울 동화	09
내 몸에서 쑥 향이 난다	16
소나무도 울고 나도 울고	21
둥지	25
장롱 속 사과	29
곰이	34
군인 삼촌들	43
폐허에도 꽃이 핀다	50
방탄소년단과 조선소년단	56
성옥이와 산딸기	60
희고 검은 밥	64
양귀비	69

입동

겨울이 온다

분단 자매	77
졸업 사진	82
누렁이 1	86
누렁이 2	91
기러기와 바꾼 날들	97
가장 추운 달, 삼월	101
웃어도 될까	109
붉은 석양 속에서	117
엄마?	123
국경으로	127
외로운 사람들	135
경성에서 경성까지	141
하얀 블라우스	154

동지

끝없는 밤의 시간

끊어진 다리	**161**
모두가 전투에로	**168**
어둠 속의 어둠	**175**
나의 동거인 1	**183**
남쪽에서 불어온 바람	**188**
나의 동거인 2	**193**
도둑과 경비원 1	**200**
도둑과 경비원 2	**208**
파도가 지난 뒤 드러나는 마음들	**216**
벽보 밑에 넣어 둔 양말	**226**
몇 밤이면 될까	**231**
바람이 된 약속	**236**
두 번째 국경	**241**

대한

봄이 오려나 보다

우리의 시간은 흐르고	**253**
붉은 것들	**258**
엄마가 싫어하는 명절	**262**
바다가 준 선물	**268**
몇 번의 생일	**274**
하늘에 맺힌 총성	**280**
못생기면 어때	**285**
이제 당신을 지웁니다	**291**
사진	**296**
작가의 말	**302**

상강

———

봄인 줄 알고 핀 꽃처럼

겨울 동화

날씨가 쌀쌀해지면 동화라는 단어를 자주 떠올린다. 동화는 나의 삶과는 대비되는 장르이지만 불리지 못한 내 이름이기도 하다. 무엇보다 내 삶을 송두리째 바꿔 놓은 그날, 나는 동화를 신고 있었다.

내가 태어나고 며칠 뒤 엄마가 할아버지에게 손녀 이름을 지어 달라 했다. 한참을 뒷짐 지고 창문을 내다보던 할아버지가 첫째 손녀는 금화, 둘째 손녀는 은화니 셋째 손녀인 나는 동화라 부르자 했다. 그 말을 들은 엄마가 차라리 지하족이라 부르라며 나를 '은정'이라는 이름으로 출생 신고했다.

　엄마가 동화라는 이름에 화를 낸 건 겨울 신발이라는 冬(겨울 동), 靴(신 화) 뜻 때문이기도 했지만 그 모양새와 이미지 때문이기도 했다. 동화는 군수품으로 겨울에 군인들에게 보급되는 신발이었는데 언젠가부터 장마당에서 팔리기 시작했다. 종일 밖에 서 있어야 하는 장사꾼들의 필수품이 됐다. 두툼한 고무바닥과 국방색 천에 솜을 누벼 발등을 씌운 모양새는 늙은 오이를 몇 개 뭉개 놓은 것 같았고 추위에 걸맞게 두껍고 무거웠다.

　지하족은 동화의 여름 버전으로 거기서 솜만 빠진 모양이었다. 벗겨지지 말라고 발목까지 높게 올라와 끈으로 묶어야 했다. 신발을 벗어 놓으면 행군 중에 지친 군인들처럼 폴싹 주저앉았다. 우리 마을 사람들은 주로 동화나 지하족을 작업화로 신었다.

　내가 은정이라는 이름으로 불린 지 17년이 되던 해였다. 그해 나는 함경북도 어느 바닷가 마을에서 혼자 살고 있었다. 나는 엄마가 보냈다는 아줌마를 따라 회령으로 갔다. 회령에서 두어 시간쯤 걸어가니 두만강을 지척에 둔 마을이 나왔다. 아줌마가 지는 해를 등지고 우뚝 솟은 곳을 가리키며 중국 땅이라 했다. 말로만 듣던 두만강이 코앞에 있다 생각하니 떨리기도 하고 겁나기도 했다. 내가 살던 동네에서 두만강까지 통행증 없이 왔다는 건 탈북한 것과 비슷한 죄였다.

나는 아줌마가 마련해 둔 집에 숨어 며칠 동안 먹고 자기를 반복했다. 한곳에 오래 머무르면 숙박 검열에 걸릴 수 있어 이삼일 정도 있다 밤중에 다른 곳으로 옮겼다. 세 번째로 옮긴 곳은 외딴 언덕에 있는 오두막이었는데 그곳엔 브로커 아줌마가 한 명 더 있었다. 나는 그 집에서 군인이 데리러 올 때까지 기다렸다. 떠날 시간이 다가오자 아줌마는 만약 잡히면 자신들의 정보는 말하지 말라고 여러 번 부탁했다. 나는 집을 떠날 때부터 만약을 대비해 보안원에게 잡히면 어떻게 말할 것인지 머릿속에 그려 놓았다. 처음 겪는 일이었지만 엄마나 브로커에 대해 말하면 안 된다는 것쯤은 알고 있었다.

그날은 초저녁부터 집 안에 긴장감이 돌았다. 마지막일지도 모른다 생각하니 내 몸은 스펀지가 된 것처럼 그동안의 시간을 빨아들였다. 의식과 무의식 그 어디쯤에서 머물렀던 집들과 먹었던 음식, 오고간 대화를 책장 정리하듯 정리하고 지난 17년을 필름처럼 되감았다.

여러 번 출입문을 열었다 닫았다 하던 아줌마가 내 신발을 보더니 발 사이즈를 물었다. 37문이라 하자 장롱에서 새 동화를 꺼냈다. 길이 미끄러우니 이걸 신고 가라 했다. 두껍고 투박한 동화를 보니 신고 온 하얀 신발을 사기 위해 밤낮으로 일했던 날들이 떠올랐다. 유행 따라 멋지게 신고 다니는 친구들이 부러워 김장 소금 살 돈까지 아껴가며 산 흰 운동화였다. 부모도 없는 불쌍한 아이라는 시선이 싫어 무리했던 것이었다. 결국 몇 번 신지도 못하고 버려야 했다. 두만강을 넘으면 입고 있던 옷은 모두 버려야 한다는 말에 친척 집에 들러 헌 옷으로 바꿔 입은 상태였다. 신발은 사이즈가 맞지 않아 그대로 신고 왔는데 이제 그것마저 벗어 놓고 떠나야 했다.

새벽 세 시쯤 누군가 문을 두드렸다. 군인은 집에 들어오자마자 찾으러 온 물건을 보듯 나를 봤다. 장갑을 벗고 미열이 남아 있는 가마솥 뚜껑에 손을 올렸다. 내게 산은 좀 타 봤냐고 물었다. 얼이 나간 듯한 나를 보며 군인은 걱정이 된다는 듯 고개를 끄덕였다.

아줌마가 나를 채비시켰다. 다시 풀지 말라는 듯 동화 끈을 꽁꽁 동여매 줬다. 무사히 그곳에 가게 되면 짧은 인연이었지만 잊지 말고 잘 살라 했다. 나는 내가 가는 그곳이 어디에 붙어 있는지, 무사히 갈 수 있는지도 몰랐지만 눈시울이 붉어졌다. 아줌마는 내 주머니에 손가락 과자[1]와 눈깔사탕을 넣을 수 있는 만큼 가득 넣어 줬다.

군인을 따라 걷는데 동화 탓인지 몸이 무거웠다. 새벽하늘엔 누가 뿌려 놓은 것처럼 별이 가득했다. 사방에 눈이 가득 쌓여 밤인데도 하얗게 보였다. 종종 눈이 녹아 웅덩이진 곳은 시커멨다. 꼭 땅에 구멍이 뚫린 것 같아 밟을 때마다 어지럼증이 일었다. 짙은 어둠 속에서 한 시간쯤 두만강을 향해 걸었을까, 동쪽 하늘이 푸름푸름한 빛을 품으며 어둠을 몰아내더니 닭이 울기 시작했다. 그 많던 별은 바다에 빠진 모래알처럼 하늘에 잠겨 보이지 않았다.

군인이 멈춰 서서 주변을 살폈다. 온통 하얗기만 하던 것들이 모습을 드러냈다. 키 작은 나무와 조금 둔덕진 언덕과 움푹 파인 곳이 어른어른 보였다. 그중에서도 수평선처럼 하얀 곳을 군인이 가리켰다.

"저길 지나 쭉 가다 보면 언덕이 나올 거야. 거길 올라가면 길이 나오는데 그 길부터 중국 땅이야."

---

[1] 밀가루 반죽에 설탕물을 입힌 길쭉한 과자.

언덕만 올라가면 군인들이 잡으러 가지 못하니 뒤에서 소리치거나 총을 쏴도 무조건 언덕을 올라가라 했다. 군인의 말을 들으며 내가 상상하던 두만강과 너무나 다른 평범한 강 앞에서 멍해졌다. 군인이 주변을 한 바퀴 둘러보더니 가라고 손짓했다. 이상하게 발이 떨어지지 않았다. 눈을 끔뻑이다 어정어정 뛰기 시작했다. 마른 풀대가 듬성듬성 서 있는 작은 언덕을 넘어 눈이 얇게 깔린 얼음 바닥에 발을 딛는 순간 뒤로 완전히 넘어졌다. 엉덩이부터 머리까지 깨지는 듯한 통증이 올라왔다. 흙바닥에선 느껴 볼 수 없는 고통이었다. 말로만 듣던 두만강이, 꽁꽁 언 강물이 내 몸 아래 있었다. 정신이 번쩍 들었다. 나는 아픔도 잊고 냅다 뛰었다. 브로커 이모가 미끄럽지 말라고 준 동화가 내 하얀 신발보다 더 미끄러웠다. 목숨이 걸린 순간에도 하얀 신발이 아깝다 생각했다.

내 키의 두 배쯤 되는 돌담을 기어올라 중국 땅에 몸을 실었다. 바다에 표류하다 구명정에 올라타는 듯한 기분이었다. 이제 중국 땅이라 생각하니 나도 모르게 뒤돌아봤다. 고향 하늘 위로 태양이 떠올랐다. 굴뚝마다 연기를 피우는 작은 마을이 보였다. 얼음 아래로 흐르던 강물이 얼음을 깨뜨리는 소리가 우르릉 꿍꽁 하고 났다. 잠들었던 야수가 깨어나 포효하는 것 같았다. 내게 다시 강을 넘을 수 없다고 소리치는 것처럼. 무섭고 서러웠다. 되돌릴 수 없는 걸음들이 두만강 위에 서 있었다. 그제야 동화도 하얀 신발도 잊고 멀어져 가는 고향이 보였다.

나는 두만강을 넘은 순간부터 그리움이라는 병을 얻었다. 두만강을 넘기 전 되새기던 기억은 이제 빛바랜 사진처럼 흐려지고 사람들은 얼굴이 없어졌다. 두만강 너머를 꿈꿨던 나는 이제 하얀 신발을 신고 고향 땅을 밟는 꿈을 꾼다. 내게 고향은 집 앞 바다와 신발 끈을 묶어주던 아줌마, 금화, 은화, 동화 이런 것이다. 이들은 병명처럼 나를 따라다닌다.

내 몸에서 쑥 향이 난다

~~~~~~~~~~

 몇 달 만에 경기도에 살고 있는 엄마 집을 찾았다. 엄마가 차려 놓은 저녁 밥상에 앉아 군침을 삼키고 있었다. 엄마가 김이 몰몰 나는 것을 먹어 보라며 입 앞으로 가져다 댔다. 싫다고 말하기도 전에, 입안으로 들어왔다. 이내 쑥 향이 퍼졌다. "어때? 맛있지?" 엄마는 호기심 많은 아이처럼 날 봤다. 내가 별 반응이 없자 "어렸을 땐 그렇게 해 달라고 조르더니 이젠 맛없구나?"라며 서운한 표정을 지었다. 엄마는 이렇게 봄마다 쑥버무리로 나를 불편하게 했다. 엄마는 내가 엄마 집에 머물며 함께한 네댓 끼 식사를 쑥버무리로 대신했다. 그때마다 먹어 보라고 쑥버무리를 내밀었고 나는 번번이 고개를 돌렸다.

엄마는 미공급으로 식량 사정이 어렵던 1991년 아빠와 결혼해 할아버지, 할머니, 젖먹이 아이가 달린 큰아빠 부부가 함께 사는 시집에서 신혼살림을 시작했다. 큰아빠 부부는 결혼한 지 일 년이 되도록 집이 나오지 않아 분가를 못한 상태였다. 할아버지 집은 하모니카 주택이었다. 한 지붕 아래 여러 세대가 서로의 벽에 의지한 모양이 하모니카의 바람구멍 같다 해 그렇게 불렀다. 출입문 쪽 부엌에 이어 붙은 온돌 자리는 할아버지, 할머니 차지였고 그나마 구색이 갖춰진 안방은 큰아버지 식구가, 그 다음 윗방에 신혼인 엄마, 아빠가 살았다. 파리 날개 소리도 막지 못하는 여닫이문으로 구분한 방에서 엄마는 나를 뱄다.

결혼하고 몇 달 뒤, 아빠 회사에서 신혼부부들에게 우선순위로 집을 공급해 줬다. 배를 타던 아빠는 바닷가에 있는 집을 받았다. 아빠는 이웃이 될 옆집 아저씨와 술을 마시다, 좋은 집을 받았다며 아저씨가 부러워하자 술김에 집을 바꿔 버렸다. 엄마가 사실을 알게 됐을 땐 이미 아저씨네 가족이 짐을 옮기고 살고 있었다. 엄마는 화가 났지만 아빠 체면 때문에 참을 수밖에 없었다. 아저씨 가족이 살던 집으로 이사를 하려고 보니 연기가 굴뚝이 아닌 아궁이로 나왔다. 지붕도 변변치 않았다. 집수리부터 해야 했다. 엄마는 아빠 마음대로 집을 바꿨으니까 집수리라도 제대로 할 거라 생각했다. 하나밖에 없는 자전거는 아빠의 출퇴근용이어서 엄마는 지인들에게 부탁해서 얻은 시멘트며 판자를 장사꾼들 자전거에 실어 보냈다. 엄마는 매일 늦게 집에 들어오는 아빠를 보며 한 달 뒤면 집수리가 끝날 거라 기대했다.

 몇 달이 지났는데도 아무 말 없자 엄마는 부풀어 오른 배를 안고 바닷가 집에 갔다. 마당에 들어선 엄마가 마주한 건 폐허 같은 집 그대로였다. 수리하다 만 부엌과 비 맞아 굳은 시멘트가 마당에 널브러져 있었다. 아빠는 저녁마다 집수리를 핑계로 사람들을 만나선 술판을 벌였다. 비싼 자재를 팔아 그 돈으로 술을 마셨던 것이다.

 이렇게 기다리다간 평생 분가를 못하겠다 생각한 엄마는 큰아빠에게 아빠와 집수리를 같이 해 달라 부탁했다. 처음엔 아빠 퇴근 시간에 맞춰 큰아빠가 바닷가 집으로 가 같이 집수리를 하려 했다. 그때마다 아빠는 별의별 핑계를 다 대고 술 마시러 도망쳤다. 그리곤 혼자 자전거를 타고 집으로 돌아왔다. 큰아빠는 집수리를 혼자 하다 한 시간이 넘는 거리를 걸어서 밤늦게야 할아버지 집에 돌아왔다. 보다 못한 엄마가 큰아빠와 집수리를 같이 하기 시작했다. 엄마는 장사꾼 아줌마 자전거 뒷자리를 얻어 타고, 큰아빠는 걸어서 바닷가 집으로 내려갔다. 부엌 아궁이 쪽을 헐고 벽돌을 다시 쌓고 온돌을 들어내고 다시 깔아 미장을 했다. 내가 태어나기 전날까지 엄마는 집수리를 했다.

그날 저녁 엄마는 화물차 꽁무니에 얻어 타고 돌아왔다. 차가 덜컹거린 탓인지 그동안 힘든 일을 한 탓인지 다음 날, 예정일을 한참 남겨놓고 산통을 시작했다. 하필이면 할머니가 답답하다고 친구 집에 가서 돌아오지 않은 날이었다. 어쩔 줄 모르던 할아버지는 의사를 데려온다고 집을 나갔고 아빠와 큰엄마는 출근했다. 엄마 혼자 남겨진 것이었다. 아빠가 출근길에 기별을 해 외할머니가 할아버지 집에 왔다. 혼자 산통을 앓는 엄마를 본 외할머니 첫 말이 뭘 먹고 싶냐?였다. 몇 달 동안 제대로 먹지도 못하고 시집살이에 집수리까지 하러 다녔으니 엄마 얼굴이 오죽했을까. 엄마는 산통으로 정신이 혼미한 와중에 쑥버무리가 먹고 싶다 했다.

엄마 말을 듣자마자 외할머니는 집을 나서 쑥을 뜯었다. 오월이라 여기저기 널린 게 쑥이었지만 보릿고개라 밀가루나

쌀가루가 귀했다. 근처에 사는 셋째 이모한테서 조금, 동네에서 한 줌 밀가루를 얻어 쑥버무리를 만들었다. 김이 빠지기 전에 엄마한테 먹인다고 찜통째 들고 왔는데 그사이 내가 태어났다. 하지만 출산 뒤엔 밀가루 음식을 먹으면 안 돼서 엄마는 쑥버무리를 끝내 먹지 못했다. 저녁에 집에 돌아온 할머니와 큰엄마가 쑥버무리를 먹는 게 얄미워서 산통보다 더 배가 아팠다고 지금도 말하곤 한다.

한 달 뒤 엄마는 젖살이 오르기 시작한 나를 업고 바닷가 집으로 이사했다. 나는 그 바닷가 집에서 17년을 살았다. 오월이면 하굣길에 양손 가득 쑥을 뜯어 집에 가져가곤 했다. 그때마다 엄마는 요술을 부리듯 없는 살림에도 맛있는 쑥버무리를 만들었다. 데쳐 낸 쑥을 가루에 버무려 시루에 올리곤 사카린 물을 뿌리면 달달한 쑥버무리가 완성되었다.

엄마는 그날 쑥버무리를 먹지 못한 게 한이 됐는지 아직도 봄마다 먹는다. 쑥버무리를 한가득 만들어 얼려 놓기까지 한다. 나는 이제 입맛이 바뀌어 쑥버무릴 좋아하지 않지만 그걸 먹는 엄마 모습을 좋아한다. 오월이면 내 몸에서 쑥 향이 난다.

소나무도 울고 나도 울고

~~~~~

네댓 살쯤이었다. 미공급의 여파가 남아 있어 누구나 먹고 살기 어려웠다. 엄마는 하루 정도 꼬박 굶었고 나는 뭔가를 먹었던 것 같다. 다음 날 아침엔 나도 먹을 게 없자, 엄마가 내 손을 잡고 외할머니 집으로 향했다. 힘없이 터벅터벅 걷던 엄마에게 힘들다고 배고프다고 떼를 쓰면 엄마가 나를 힘겹게 업었다. 조금 걷다 이내 지쳐서 나를 내려놨다. 작은 내 발걸음 앞에 놓인 뱀처럼 휘어진 길은 어지러울 만큼 아찔했다. 끝없는 길을 내 발로 다 걸어서 없애야 한다는 막막함과 엄마가 쓰러지면 어쩌나 하는 두려움이 배고픔보다 컸다. 그렇지만 엄마가 업어 주길 바라는 속마음은 투정으로 나왔다.

　바닷가 집에서 외할머니 집까지 어른 걸음으로 빠르게 걸어도 한 시간 넘게 걸리는 길이었으니 반나절 가까운 시간이 걸렸다. 외갓집에 도착하자 외할아버지와 외할머니가 점심을 다 먹은 뒤였다. 우리를 본 외할머니가 묻지 않아도 안다는 듯 식장에서 남아 있던 죽을 꺼냈다. 먹을 것을 앞에 둔 엄마의 표정은 길을 걸을 때보다 더 어두웠다. 죄스러운 마음과 어떤 원망과 분노로 얼룩진 얼굴이었다.

　엄마와 나는 식장과 가마솥 사이에 웅크리고 앉아 노란 죽을 떠먹었다. 순간 죽 맛이 써서 놀랐다. 인상이 찌푸려졌다. 엄마가 죽이 쓰다 하니 외할머니가 솔분을 좀 넣었다 했다. 삼키기 힘든 죽을 억지로 먹었다. 그날 엄마는 나를 외갓집에 두고 조금의 식량을 얻어 들곤 바닷가 집에 내려갔다.

　그 뒤로도 우리 집에 먹을 게 떨어질 때마다 엄마는 나를 외갓집에 데려다 놓곤 했다. 나는 평소 엄하고 무뚝뚝한 외할아버지를 무서워했다. 정적 속 시계 초침 소리만 크게 들리는 외갓집에선 밤이 유독 길었다. 밤이면 외할머니 옆에 누워 푸른빛이 들어오는 창문을 바라봤다. 엄마가 언제 나를 데리러 오는지 묻고는 소리도 못 내고 눈물만 흘리다 잠들었다.

시간이 흐를수록 먹고사는 걱정도 커졌다. 누군가의 경험에 의해 소나무 속껍질이 생각보다 부드러워 먹기 괜찮다는 소문이 돌았다. 아마 풀도 없는 봄이었던 것 같다. 많은 사람들이 낫을 들고 소나무 껍질을 벗겼다. 우리 집 부엌에도 대야에 담겨 창백해진 소나무 껍질이 있었다. 절구에 넣어 찧고는 곡식 가루와 일대일로 섞어 떡을 만들었다. 먹을 땐 몰랐다. 배가 고팠으니 그만하면 쫀득하고 소나무 향도 나니 괜찮았다.

　문제는 그 다음 날이었다. 변비가 온 것이었다. 변비약이나 기름진 음식이 없으니 오직 복부의 힘으로만 해결해야 했다. 하루 이틀이 지나도 꽉 막힌 그곳은 꿈쩍도 하지 않았다. 나뿐만 아니라 송진 떡을 먹은 다른 사람들도 마찬가지였다. 속에 뭔가 가득한데 나오진 않고 신호만 오니 애가 탔다. 마당에서 똥을 먹으려고 기다리는 강아지를 쫓으며 장이 꼬이는 배를 안고 엉엉 울기까지 했다. 엄마가 나무 꼬챙이로 파내려 해봤지만 잘 안됐다. 주사기에 비눗물을 넣어 항문에 쏘면 해결된다 해서 그렇게도 했다. 비눗물 때문이었는지 몰라도 며칠을 고생하다 해결됐다. 똥을 못 싸서 죽었다는 말은 들어 본 적 없었지만 그땐 죽는 줄 알았다.

솔분도 변비를 일으키긴 마찬가지였지만 껍질보단 덜했다. 솔분과 소나무 속껍질을 먹을 땐 변비를 조심해야 한다는 걸, 설사가 왔을 때 솔분 가루 한 숟가락을 물에 타 먹으면 된다는 걸 경험으로 배웠다. 그 뒤로 우리 집에선 아무리 먹을 게 없어도 솔분과 소나무 껍질은 먹지 않았다. 하지만 주변엔 알면서도 그걸 먹을 수밖에 없는 사람들이 많았다.

산에 나무하러 가면 낫으로 껍질을 발라낸 소나무들이 보였다. 속살이 하얗게 드러났던 자리엔 껍질처럼 짙은 색의 흉터가 껍질도 없이 얇게 남아 있었다. 그 자리에 아이들은 뾰족한 돌로 글을 새겨 넣었다. 나의 흔적을 남기려는 본능이자 놀이였다. 아무도, 배고파 너의 껍질을 발라 먹었다는 말이나 변비에 대해 쓰진 않았지만 벗겨진 껍질이 누군가의 뱃속으로 들어가 낑낑거리며 힘든 시간을 보냈을 거라는 걸 알았다.

오월, 비가 온 뒤 땅도 나뭇잎도 노랗게 솔분으로 얼룩지면 솔분에 얽힌 내 기억도 얼룩얼룩 핀다.

둥지

 길을 걷다 말고 하늘을 올려다봤다. 휴일인데도 따분하게 집에 갇혀 있다시피 하다가 졸음을 쫓을 겸 카페로 가는 길이었다. 인도 옆으로 높게 쌓은 콘크리트 담 위에 잎이 다 떨어진 개나리 나무가 엉켜 있었다. 가지 위로 참새들이 짹짹거리며 날아와 앉았다. 그 곁을 지나려는데 하늘에서 작은 점 하나가 내 머리 쪽으로 떨어졌다. 형체가 점점 선명해졌다. 나는 본능적으로 몸을 움츠리고 고개를 숙였다. 내 하얀 패딩 가슴팍 위에 까맣고 하얀 것이 떨어졌다. 새똥이었다.

 내게 하늘을 보는 습관이 생긴 것은 동네 할머니들이 하는 말을 듣고 나서부터였다. 제비들은 영리해서 화목한 집을 알아볼 수 있고, 제비가 둥지를 틀면 그 집은 더 화목해진다는 것이었다. 나는 봄마다 날아오는 제비를 보며 우리 집에 둥지를 틀어 주길 기다렸다. 우리 집도 다른 집처럼 화목해지길, 엄마, 아빠가 싸우지 않길 간절히 바랐다.

목이 꺾이게 하늘을 쳐다보던 어느 해 봄이었다. 제비들이 마을 주변을 날아다니기 시작했다. 며칠 뒤, 길 건넛집에 사는 A가 작년에 둥지를 틀었던 제비가 다시 찾아왔다며 자랑했다. 나는 부러운 마음에 동네 아이들 속에 끼어 제비 둥지를 구경했다. 두 마리 제비가 지난해 지어 놓은 둥지에 앉아 서로 부리로 털을 빗어 줬다. 나는 엄마, 아빠도 제비처럼 다정하면 얼마나 좋을까 생각했다. 우리 집에 제비가 둥지를 틀지 않는 이유는 싸움이 잦아서였다. 제비가 둥지를 틀지 않으면 영원히 화목해지지 않을 것만 같았다. 나는 자주 아빠에게 술을 적당히 마시라 했다. 그럴 때마다 아빠는 술 냄새를 풍기며 알겠다 했지만 다음 날이면 또 술상이 차려졌다. 엄마의 볼멘소리 뒤로 싸움이 일었다. 어린 내가 할 수 있는 건 제비가 우리 집에 둥지를 틀어 화목한 집이 되길 바라는 것뿐이었다.

그러던 어느 날 우리 집 처마에 제비가 아닌 참새 한 쌍이 날아들었다. 참새 부부는 처마 밑 기왓장 틈에 털 몇 개, 지푸라기 몇 개를 가져다 놓고는 살기 시작했다. 저녁에 자려고 누우면 짹짹거리는 소리가 들렸다. 그때마다 내 품에 안겨 있던 삼색 고양이가 귀를 쫑긋 세우고 입맛을 다셨다. 나는 아침마다 참새가 어디론가 날아가는 걸 보고는 사다리를 타고 올라가 둥지를 훔쳐봤다. 어느 날 휑하던 둥지에 강낭콩만 한 하얀 알이 네 개나 있었다. 몇 주 정도 지나 알이 부화하기 시작했다. 처음엔 털도 없이 쭈글쭈글한 가죽에 부리가 붙은 볼품없는 모양이었다. 날이 갈수록 살이 차오르더니 뼈와 가죽 사이가 통통해졌다. 제법 새다운 날개 모양도 갖춰 갔다.

땀에 머리가 흥건히 젖을 만큼 뛰어놀다 집에 들어온 날이었다. 삼색 고양이 앞에 참새 새끼들이 퍼덕거리고 있었다. 고양이가 발톱을 세우고 요리조리 갖고 놀다 한입에 잡아먹었다. 엄지손가락만 한 참새 뼈가 으스러지는 소리가 들렸다. 그 뒤 참새 부부는 보이지 않았다.

이듬해 봄, 강남에서 돌아온 제비들이 지붕과 담장을 헤엄치듯 날아다녔다. 한 쌍의 제비가 우리 집 빨랫줄에 앉아 기웃거렸다. 며칠 뒤부터 흙과 나뭇가지를 물어오기 시작했다. 밤에는 빨랫줄에 앉아 서로 어깨에 기댄 채 잠이 들었다. 제비를 볼 때마다 고양이는 혀를 날름거렸다. 나는 고양이 눈을 가렸다. 제비 둥지를 보며, 참새 새끼가 죽던 날 접었던 화목한 가정이라는 바람을 다시 품었다. 제비가 둥지를 거의 다 지었을 때쯤이었다. 술 취한 아빠 고함 사이로 엄마 울음소리가 치솟았다. 집 안의 여러 곳이 부서지고 깨졌다. 그날 엄마는 입고 있던 옷 그대로 집을 나갔다. 이튿날부터 제비가 보이지 않았다. 얼마 뒤 엄마는 돌아왔지만 제비는 다시 오지 않았다. 돌아오는 봄마다 마당을 날아드는 제비는 있었지만 둥지를 틀지는 않았다. 시간이 갈수록 짓다 만 제비 둥지는 흰 벽에 누런 얼룩만 길게 남겼다. 엄마와 내가 그 집에서 흘린 눈물 같았다.

제비들이 둥지를 트는 집은 화목하다는 말을 믿지 않는 나이가 됐지만 지금도 하늘을 보면 새를 찾곤 한다.

장롱 속 사과

~~~~~~

냉장고에서 사과를 한 알 꺼냈다. 한 달 전쯤 농가 살리기 일환으로 싸게 올라와 샀던 못난이 사과였다. 농가는 버려지는 사과를 한 푼이라도 받고 팔아서 좋고 소비자는 저렴하게 먹어서 좋았다. 사과는 저렴한 만큼 알이 잘고 모양도 볼품없었다. 먹는 데 딱히 불편한 건 없지만 사과에서 풀 냄새도 나고 썩 달지도 않았다.

사과를 깎기 시작했다. 칼날에 사과 껍질이 벗겨졌다. 풀밭을 헤집고 사과밭에 들어선 것 같은 싱그러운 냄새가 났다. 어느 해, 봄보다 더 짙은 희망을 품었던 겨울 사과 향이 떠올랐다.

그해 독감은 초겨울부터 만연했다. 눈밭을 뛰노는 게 좋은 예닐곱 나이, 독감은 나를 피해 가지 않았다. 앓아누워 입맛을 잃고 힘겨워하는 동안 엄마가 장마당에 나가 약을 구해 왔다. 회색 종이에 1회분씩 담겨 있는 가루약이었다. 가루약을 입안에 털어 넣으면 물을 마시기도 전에 입안을 휩쓴 쓴맛에 정신이 혼미해졌다. 혓바닥에 달라붙은 쓴맛을 지우려 침을 삼키고 또 삼켜도 쓴맛은 쉽게 가시지 않았다. 약도 약이지만 감기로 입안이 쓴 탓도 있었다. 엄마가 종이에 혓바닥을 대 보더니 나보다 더 인상을 찌푸렸다.

  다음 날 엄마는 눈깔사탕과 사과 열댓 알을 사 왔다. 함경북도에서 사과는 제철에도 비싼 과일이었다. 겨울엔 그 값이 몇 배로 올라 금사과였다. 나는 사과 때문에 약 먹는 시간이 기다려졌다. 약을 입안으로 털어 넣고 사과를 베어 물었다. 보상은 달콤했다. 사과를 다 먹을 때쯤 내 몸은 사과 향에 마비되어 있었다. 그 달콤함, 사각거리는 식감, 코끝에 매달려 춤추는 향에 머릿속에 장미가 피어나는 것만 같았다.

  아껴 먹을수록 사과는 더 빨리 사라져 어느새 까만 씨앗만 남았다. 엄마한테 먹어 보라 내밀 것도 없이 말이다. 약보다 더 약 같던 사과는 며칠 못 가 동이 나 눈깔사탕으로 대체됐다. 아쉬웠지만 어쩔 수 없었다. 나는 약을 거르지 않고 먹은 덕에 금방 감기 기운을 떨쳐 냈다.

    이어달리기라도 하듯 내가 낫자마자 엄마가 앓기 시작했다. 엄마는 아랫목에 눕고도 오한에 떨었다. 나는 불을 피우고 밥을 차리기엔 너무 어렸다. 그저 두려운 마음에 덜덜 떨며 엄마 옆에서 심부름이나 할 수 있었다. 아빠는 내가 아파도 엄마가 아파도 친구들 만나러 다니느라 집에 붙어 있을 틈이 없었다.

    하루 종일 먹지도 못하고 누워 있던 엄마가 하는 수 없이 일어났다. 머리에 수건을 두르고 옷을 몇 겹 입고 장마당에 다녀왔다. 우리 집엔 엄마를 챙겨 주는 사람이 없었다. 엄마는 사 온 반찬거리로 저녁부터 준비했다. 저녁을 먹고 난 뒤 내가 먹었던 그 가루약을 먹었다. 나란히 아랫목에 누워 잠을 청했다. 곁바람을 타고 방 안을 돌아다니는 공기 속에서 싱그러운 향이 느껴졌다. 나는 동물적인 감각으로 집 안 어딘가에 사과가 있다는 것을 알 수 있었다.

    엄마 몸은 점점 더 안 좋아졌다. 입이 써서 밥도 제대로 먹지 못한 엄마가 가루약을 보더니 자물쇠로 잠긴 장롱 문을 열었다. 숨겨야 할 것이 있을 때만 자물쇠가 걸리는 장롱 속으로 엄마 손이 들어갔다 나왔다. 엄마 손에 빨간 사과가 한 알 들려 있었다. 나는 아무것도 모르는 척 앉아 있었다. 아픈 엄마가 먹어야 하는 것이니 탐내면 안 된다 주문을 걸었지만 기대에 찬 눈빛은 중력에 끌리듯 사과로 쏠렸다. 눈을 질끈 감은 엄마가 가루약을 입안에 털어 넣곤 물을 몇 모금 마셨다. 그리고 사과를 베어 물었다. 와그작. 소리와 사과 향이 대기 중으로 퍼졌다. 사과를 절반 정도 먹은 엄마가 이제 좀 살 것 같다는 표정을 하더니 내게 사과를 내밀었다. 나는 한 번의 사양도 없이 사과를 받아먹었다. 사과를 다 먹은 뒤엔 엄마도 나도 사탕을 먹었다. 엄마는 쓴 약 덕이었는지 사과 때문이었는지 며칠 뒤 훌훌 털고 일어났다.

펑펑 내린 눈에 산과 들이 잠기고 쓴 입맛만 선명하던 그해 겨울, 나는 열쇠가 잠긴 장롱 속에 사과가 몇 알 남았는지 세며 잠들었다. 사과를 다 먹은 뒤에도 장롱 안엔 사과가 있는 것처럼 향이 났다.

껍질을 깎아 더 작아진 사과 조각을 입에 넣었다. 그때 금사과가 지금 손에 들린 못난이 사과만큼 알이 잘았다는 사실에 웃음이 났다. 어느덧 그때의 엄마 나이가 된 나는, 엄마가 있는 돈을 다 털어 샀던 건 사과가 아니라 살고자 하는 마음이지 않았을까, 쓴 약 같은 현실에서 품은 희망이었을지도 모른다는 생각을 한다. 그때 넙죽넙죽 사과를 받아먹던 내 모습이 미안함으로 남아 있다.

곰이

~~~~~~

　우리 집엔 늘 개가 있었다. 내가 대여섯 살 때쯤에 군견사에서 데려온 셰퍼드 종의 '곰이'가 있었고, 그 뒤로 털이 짧아서 갈비뼈와 척추까지 곧잘 보이던 잿빛의 '싸리개'가, 열한 살 때쯤엔 여우 같은 꼬리에 안경테를 두른 '누렁이'가 있었다. 그 외에도 어린 나와 놀아 줬던 강아지들이 이름도 없이 오래된 사진처럼 기억에 박혀 있다.

　이웃 마을에선 주로 목돈을 만들 수 있는 돼지를 키웠지만 우리 마을에선 개를 키웠다. 섬처럼 동떨어진 스무 세대뿐인 작은 마을이라 모든 외부인이 경계의 대상이었다. 가전제품을 갖추고 있는 집이 많아 도둑이 기회를 노리는 곳이었다. 지킬 게 많은 집일수록 보안에 신경 쓸 수밖에 없었다. 그들은 사나운 품종의 개를 키웠다.

마을 사람들 대부분 집 근처에 있는 고사포 중대, 바다를 지키는 초소 군인들, 마을 뒤쪽에 있는 군견사 분대 삼촌들과 친하게 지냈다. 군인들은 마을 사람들과 가깝게 지내며 주린 배를 채웠다. 마을 사람들은 도움이 필요할 때면 동생 부르듯 군인 삼촌들에게 부탁을 청했다. 마을 사람들 전부 군견 새끼를 탐냈지만 군견도 군인처럼 대우해 밖으로 빼돌리기 쉽지 않았다.

어느 날 저녁 분대장 삼촌이 품속에서 낑낑거리는 강아지 한 마리를 꺼냈다. 그동안 엄마, 아빠가 끈질기게 조른 덕이었다. 군견이 새끼를 낳으면 젖을 떼고 바로 훈련사로 보내졌는데 그사이 죽었다 보고하고 빼돌린 것이었다. 분대장 삼촌은 들키면 큰일 나니 아무에게도 말하지 말고 보여 주지도 말라고 신신당부했다.

몸은 까맣고 배와 눈썹 쪽에 노란 털이 난 장난기 많은 셰퍼드를 곰이라 불렀다. 우리 집에선 늘 개를 마당에 풀어 놓고 키웠지만, 곰이는 누가 안고 갈까 봐 또 다른 군인들이 알아볼까 봐 부엌에 숨겨 놓고 키웠다. 곰이가 어둡고 막힌 공간을 답답해할까 봐 널마루는 늘 열어 놓은 채 하루에도 몇 번씩 부엌에 내려가 놀아 줬다. 셰퍼드는 종종 날고기를 먹어야 한다는 말에 어쩌다 고기를 사 오면 곰이 몫을 제일 먼저 떼 주었다. 기력이 없어 보이는 날이면 사탕을 한 줌 사다 먹였다.

물어뜯기 좋아하던 곰이를 한두 달 뒤부터 마당에 풀어놨다. 마당을 벗어나 밖으로 돌아다니던 곰이는 동네 개들과 종종 싸우곤 했다. 처음엔 비슷비슷했는데 어느 순간 동네 개들을 다 이겨 버렸다. 개들이 곰이 앞에선 꼬리를 다리 사이에 끼운 채 귀를 납죽 숙이곤 낑낑거렸다. 동네 개들 사이에서 짱을 먹은 곰이를 보며 나는 괜히 으쓱해했다. 곰이는 성체가 되면서 점점 늑대처럼 변했다. 군견사 쪽에서 하울링 소리가 들리면 같이 하울링을 했다.

우리 집은 지킬 것 하나 없었지만 곰이가 사나워서 좋았다. 너무 사나워서 문제였다. 곰이 때문에 집에 오는 사람들은 미리 대문을 닫고 아빠나 나를 찾았다. 나는 사람들이 올 때마다 나가서 곰이가 물지 못하게 호위해야 했다. 하도 우리 집에 드나들어 혼자서 곰이를 지나갈 수 있는 유일한 아저씨가 있었다. 그런 아저씨도 통보 없이 조금 급하게 마당에 들어서다 곰이한테 물리고 말았다. 엄마, 아빠가 난감해하며 곰이 꼬리털을 잘라 물린 부위를 지지고 술상을 차렸다. 우리 마을에선 개한테 물리면 손해배상 개념으로 그 개를 잡아 함께 먹었으나 곰이는 잡을 수 없었다.

 얼마 뒤엔 심부름을 온 아이가 등을 보이고 도망가다 다리를 물렸다. 곰이 꼬리털이 자랄 틈도 없이 또 잘렸다. 작은 마을이다 보니 개들끼리 싸움이 나거나 아이들이 싸워도 서로 얼굴 붉히지 않으려 어른들은 대수롭지 않게 넘어갔다. 그런데 동네 개들이 곰이한테 물려 절뚝거리는 일이 반복되고 사람도 종종 물리자 저런 개는 잡아야 한다는 원성이 들렸다. 문제를 일으킬 때마다 곰이를 마당에 묶어 놨다.

 하루는 농장 덤장에 어미 고래와 젖먹이 고래가 잡혔다. 처음 있는 일이라 마을 사람들, 고래 잡은 사람들, 군인 삼촌들, 꽃제비들 2) 까지 구경하며 들떠 있었다. 창고 바닥에 누워 있는 고래가 숨소리를 크게 내며 눈물을 흘렸다. 구경하러 모여든 사람들 중에 한 장사꾼 아줌마는 보자기로 콧물 같은 고래의 눈물을 닦으며 같이 울었다. 그런 아줌마를 보며 동정심이 많

---

2) 부모가 먹고살기 어려워 버리거나, 부모가 죽어 길거리를 떠도는 고아들.

다고 웃는 아줌마도 있었다. 신이 나서 구경하던 나도 슬퍼져 바다로 돌려보냈으면 좋겠다 생각했다.

웬 아저씨가 장난으로 꽃제비에게 고래를 자를 수 있으면 잘라 가라 했다. 꽃제비가 용접하다 떨어진 손바닥 넓이의 길쭉한 쇳조각을 들고 꼬리지느러미를 자르려 했다. 톱질하듯 한참 움직이자 단단하던 고래 피부에 상처가 나고 피가 났다. 고래 숨소리가 거칠어지자 구경하던 사람들이 꽃제비를 내쫓았다.

내 바람처럼 고래는 바다로 돌아가지 못했다. 고래를 토막 내 절반은 농장으로 보내고 나머지는 어부들이 나눠 가졌다. 고래 고기를 한 덩이씩 얻은 마을 사람들은 집으로 돌아가고 얻지 못한 사람들은 해 질 때까지 농장 앞을 서성거렸다. 우리 집은 바로 얻어다 볶아서 온 가족이 맛을 봤다. 식감이나 맛은 해물보다 육류에 가까웠다. 돼지고기보다 기름진 데다 가죽이 까만 게 먹으면서도 낯설었다.

농장 사람들이 짐 정리를 하고 자전거를 꺼내느라 시끄러웠다. 농장 바닥엔 사람 인원 수만큼 고깃덩이가 있었다. 사람들이 들락날락하는 사이 곰이가 고깃덩이 하나를 물어 와선 출입문 앞에서 낑낑거렸다. 아빠가 고기를 잘라 주곤 잘했다고 쓰다듬었다. 곰이는 꼬리를 살살 흔들며 다시 가더니 작은 덩어리를 하나 더 물어 왔다. 아빠는 누군가의 몫이라는 걸 알았지만 언제 또 고래 고기를 먹겠냐며 시치미를 떼자 했다.

　곰이가 물어온 고래 고기는 다음 날 김치와 볶아 먹었다. 한동안 농장 사람들은 고래 고기를 훔쳐 간 사람을 놓고 서로 의심했다.

　곰이를 키운 지 3년쯤 되자 엄마, 아빠는 곰이를 언제까지 키워야 할지 고민하기 시작했다. 암컷이면 하지 않을 걱정이었다. 그곳에서 개는 반려견이 아니라 가축이었다. 집 지키는 것 외에도 경제적으로 도움이 돼야 했다. 암컷은 새끼를 낳고 수컷은 키워 개장수에게 팔거나 잡아서 몸보신으로 썼다. 암컷은 수명이 몇 년은 됐지만 수컷은 일 년을 넘기기 어려웠다.

　그날 나는 평소처럼 밖에서 친구들과 뛰어 놀다 집에 돌아왔다. 마당에 곰이는 없고 큰 대야에 다리를 빳빳하게 뻗은 채 담겨 있는 짐승이 보였다. 털은 불에 그을려 하나도 없었다. 배는 갈라 장기는 다 꺼낸 상태로 핏물을 빼고 있었다. 전혀 알아볼 수 없는 상태의 고깃덩이는 곰이였다. 곰이는 절대 외부인에게 곁을 주지 않았으니 아빠가 목줄을 걸었을 것이 자명했다. 죽은 곰이 모습이 너무 충격적이어서 슬픔을 느낄 틈도 없었다.

곧 개고기를 가지러 농장 아저씨들이 왔다. 한 배를 타는 사람들끼리 일 년에 한두 번 여름과 겨울쯤 개나 돼지를 잡아다 같이 먹었는데 이번엔 곰이로 몸보신을 한 거였다. 아빠는 아저씨들 틈에서 같이 고기를 먹고 만족스러운 표정으로 집에 왔다. 어린 내 눈에 비친 어른들의 세상은 잔인했다. 만약 내가 어른이고 힘이 있었다면 곰이를 잡지 않았을 텐데. 개고기를 먹고 울긋불긋한 얼굴로 여태 먹은 개 중에 가장 살이 많았다며 흡족해하는 아저씨들을 향해 나는 저주를 담은 눈총을 쐈다.

그해 시월 어느 날 비 오는 오후였다. 그날도 엄마, 아빠가 싸웠다. 우리 동네에 우리 집만큼 자주 싸우는 집도 없었다. 나는 전쟁터 같은 집에서 도망쳐 앞집에서 시간을 보내다 저녁쯤 돌아왔다. 집 안은 어둡고 엄마, 아빠도 없었다. 이상한 느낌이 들었다. 심장이 울렁거렸다. 습관적으로 옷장을 열어 엄마 옷이 있는지 확인했다. 역시나 없었다. 주변을 둘러보니 새로 하려고 사 놓은 벽지 뒷면에 글이 적혀 있었다. 싸움을 말리던 동네 삼촌 앞에서 집을 나가라 했으니 나간다며 나를 잘 키우라는 엄마의 글이었다. 나는 먹구름이 가득 담긴 빗물 웅덩이 앞에서 엄마를 찾으며 울었다. 웅덩이 속엔 또 다른 세상이 있는 것처럼 온 하늘이 아득하게 펼쳐져 있었다. 깊고 우울한 삼 일이 지나자 친할머니가 바닷가 집에 내려왔다. 할머니는 몇 달을 우리 집에서 함께 살았다.

다음 해 봄, 나는 엄마도 아빠도 없이 인민학교에 입학했다. 고등중학교를 졸업한 지 얼마 되지도 않은 H 언니가 손을 잡고 학교로 가 줬다. 학교에서도 온통 서럽고 슬픈 것만이 내 마음을 채웠다. 아빠가 엄마를 찾으려 했지만 찾지 못했다.

외상으로 줬던 곰이 값으로 아빠가 엄청 많은 새끼 명태를 받았다. 생물로 팔면 헐값이라 말릴 수 있는 만큼 지붕에 펴서 말렸다. 빨랫줄부터 창고며 집 지붕까지 하얗게 말렸다. 집 안에는 몇 자루나 되는 새끼 명태가 쌓여 있었다. 엄마가 있었다면 그걸로 장사 밑천을 마련하든 텔레비전을 사든 했을 텐데 술과 안주 값으로 축이 났다.

이내 곰이의 죽음 따위는 까맣게 잊고 서러운 처지만 생각했다. 집에 자주 오는 H 언니는 엄마가 어디에 있는지 알고 있었지만 말해 주지 않았다. 아빠는 내게 엄마와 살고 싶은지 본인과 살고 싶은지 묻다가 엄마 없이도 우리가 행복하게 살 수 있다고 말했다. 나는 술 마시는 아빠 옆에서 새끼 명태를 찢어 먹으면서 시간을 보냈다. 엄마를 기다리며 내 앞에 펼쳐진 현실을 삭제했다. 엄마는 새끼 명태가 바닥을 보일 때, 집으로 돌아왔다.

지나고 보니 곰이를 시작으로 개가 죽을 때마다 내겐 큰 슬픔이 꼬리처럼 따라왔다.

군인 삼촌들

나는 어렸을 때부터 쭉 바다에서 자랐다. 바다의 첫 기억은 빨간 팬티와 뙤약볕 해변이다. 어린 나는 빨간 팬티 하나만 입고 수영을 하고 동네를 돌아다녔다. 바다와 마을 사이에 철문이 하나 있었다. 그 위에 초소가 있었는데 키가 콩대처럼 크고 마른 군인 삼촌이 내가 수영하고 돌아올 때면 빨간 팬티라고 놀렸다. 나도 약이 올라선 삼촌한테 꺽다리, 허약이라고 놀렸다.

수영을 하다 힘들면 배 옆 그늘에 눕거나, 배 나무 선창 위에 누워 쉬기도 했다. 비릿한 바다 냄새와 따뜻한 햇살, 실크 같은 바람이 얼굴을 스치면 수면제를 먹은 듯 스르르 잠이 들었다. 나도 모르게 한잠 자다 일어나선 어슬렁 집으로 향했다. 초소 위에서 빈둥거리던 삼촌은 날 보고 집 없는 애라고 놀렸다. 그때마다 내 머릿속에 있는 나쁜 단어를 다 꺼내서 삼촌과 말싸움을 했지만 이길 수 없었다. 말싸움에 지고는 화를 못 참아 운 적도 많았다.

평양이 고향이었던 허약이 삼촌, 애인이 보약을 쒀 오면 우리 집에 며칠씩 묵다 가곤 했는데 그 여자 분이랑 결혼했는지 지금도 평양에서 살고 있는지 궁금하다.

그 뒤로도 초소엔 군인 삼촌들이 새로 오기도 하고 다른 곳으로 떠나기도 했다. 내가 초등학생일 때, 병사로 왔다가 부초소장을 달고 몇 년을 머문 삼촌이 있었다. 성격이 조용한 편에 주민들 집에 자주 드나들지 않고 술도 많이 마시지 않았다. 깔끔하고 조금은 어렵게 느껴지는 삼촌이었다. 우리 집과도 별로 깊은 인연이 없었다.

그날도 우리 집에선 무언가 던져지고 깨졌다. 시끄럽게 싸우니 주변에 사람들이 모여들어 엄마 아빠를 말렸다. 맨발로 도망 나온 엄마가 울분을 터뜨렸다. 당장 처자식은 저녁부터 먹을 게 없는데 남의 처자식이 굶는다고 돈을 다 주는 게 말이 되냐고, 어떻게 사람이 지 새끼 걱정은 하지 않냐고. 그때 싸움을 말리러 나온 부초소장 삼촌이 그 말을 들었다.

그날 저녁 아빠는 술 마시러 나갔다. 엄마와 나는 불도 때지 않은 썰렁한 집에서 점심 때 먹다 남긴 딱딱하게 굳은 강냉이밥을 먹고 있었다. 초소 막내 삼촌이 문을 두드리더니 부초소장 삼촌이 저녁 식사에 초대했다고 했다. 엄마가, 낮에 한 말을 듣고 걱정하는 것 같은데 지금 저녁을 먹고 있어 괜찮다 했다. 막내 삼촌이 명령이라며 문 앞에서 버텼다.

엄마와 내가 초소에 가니 군인 삼촌들이 네댓 명 둥글게 앉아 우릴 기다리고 있었다. 밥상엔 김이 몰몰 오르는 흰 쌀밥에 어느 집 텃밭에서 얻었다는 채소에 살이 통통하게 오른 멸치를 넣은 국이 올라왔다. 우리까지 앉으려니 자리가 좀 비좁았다. 무릎이 닿을 만큼 가깝게 앉아 밥을 먹었다. 어린 내게도 그 상황이 뭉클한 감동이었다.

부초소장 삼촌은 일이 년 더 있다 다른 곳으로 배치 받아 떠났다. 그 뒤로 다시 만나지 못했다. 삼촌 이름이 경성이었다는 것만 기억한다. 내 고향 경성, 군인 삼촌 경성, 내가 경성이라는 단어를 좋아하는 이유다. 그날 따뜻한 밥 한 그릇과 밥보다 더 따뜻했던 군인 삼촌의 마음을 잊을 수 없다.

미공급의 여파가 남아 있던 1990년대 후반 우리 동네에 꽃제비들이 모여들기 시작했다. 바다 마을은 그나마 살기 낫다는 소문에 생선 몇 마리라도 얻어 가려 어른 아이 할 것 없이 모여들었다. 그때만 해도 집에 찾아와 먹던 밥이나 상한 밥이라도 있으면 좀 달라고 부탁하는 사람들이 있었다. 엄마는 우리 집 대문 안에 들어와 사정하는 거지들을 그냥 돌려보내지 않았다. 우리가 먹을 밥을 덜어 한 술이라도 먹여 보냈는데 어린 내 눈엔 내 밥을 줄여 가며 거지를 챙겨 주는 게 이해되지 않았다. 아빠는 한술 더 떠서 마을 입구에 모여 있는 거지들을 집으로 데리고 와서 집에 있는 걸 다 퍼 먹이곤 용돈도 쥐어 보냈다. 그때마다 엄마와 대판 싸웠다.

팽팽 눈을 돌리며 도둑질하는 꽃제비들이 있는가 하면 눈치를 살피며 구걸하는 꽃제비들이 있었다. 아저씨들이 도둑질하는 꽃제비들은 근처에 오지 못하게 쫓아 버리면서 도둑질 못하는 꽃제비들에겐 생선 몇 마리씩 던져 줬다. 생선을 받은 꽃제비들은 그게 고마워서 뱃일을 거들며 우리 마을에 자리 잡았다. 나보다 한두 살 많은 오빠와 네다섯 살 많은 오빠들이 남았다. 꽃제비 오빠들은 저녁이면 사라졌다 배가 들어올 때쯤 나타났다. 잠은 어느 다리 밑에서 잔다 했다.

어느 날 초소장 삼촌이 병사들을 시켜 꽃제비 오빠들 머리를 바리깡으로 밀었다. 머리를 미는 삼촌이 이가 있다며 인상을 썼다. 꽃제비 오빠도 수치스러운지 도망가려 했다. 삼촌들이 옷을 벗기고 서캐와 이가 드글드글한 머리칼과 옷을 태웠다. 군인 삼촌들이 꽃제비 오빠 셋을 순서대로 씻겼다. 땟국물이 계속 나온다고 소란을 피웠다. 흰 피부가 드러난 머리엔 향수를 붓다시피 했다. 헌 내복과 마을에서 얻은 옷을 대충 입혔다. 마을 사람들은 그 모습을 보고 속이 다 시원하다며 초소장 마음이 예쁘다고 칭찬했다.

그 뒤로 꽃제비 오빠들은 초소 군인 삼촌들 심부름하며 먹고 잤다. 몇 달 지나 초소 삼촌들이 돈을 모아 추리닝을 사 줬다. 그 돈은 배 타는 사람들을 졸라서 뽑아 낸 돈이었다. 꽃제비 오빠들 나이가 차자 언제까지 꽃제비로 살겠냐며 군대도 가고 장가도 가야 되지 않겠냐며 글공부도 시켜주고 명절엔 말린 생선을 들려 친척 집에 보내기도 했다.

초소장이 다른 곳으로 떠난 뒤에도 꽃제비 오빠들은 초소에 머물렀다. 새로 부임 받아 오는 군인들 중에 못된 인간들도 더러 있었다. 꽃제비 오빠들을 때리고 괴롭혔던 것이다. 버티지 못하고 도망간 꽃제비 오빠도, 성인이 돼서 직업을 얻어 떠난 오빠도 있었다. 그렇게 떠난 이들 중에 두 명은 가끔씩 우리 마을에 와서 어른들에게 인사도 하고 팔지 못하는 생선 몇 마리라도 얻어 가곤 했다. 그중 한 오빠는 장가도 갔다.

　시간이 지나면서 군인 삼촌들은 밀물 썰물처럼 왔다 갔다. 나만 그 자리에 머물러 나이가 드는 기분이었다. 어릴 땐 다들 먼 삼촌뻘 나이였는데 더 이상 삼촌이 아닌 오빠뻘이 됐다. 갓 학교를 졸업하고 온 군인들은 나보다 더 앳돼 보였다. 부초소장, 초소장으로 와선 전역 때까지 놀고먹다 가는 평양 고위급 간부 자식들도 점점 많아졌다.
　아빠가 집도 뭐도 다 팔겠다며 내게 나가라 할 때였다. 내 마음에 저주와 악밖에 남는 게 없었다. 하루는 앞 동네 큰엄마 집에 놀러 갔다. 키가 작고 평양이 고향인 군인 삼촌이 술을 많이 마셔 취해 있었다. 어쩌다 나와 시비가 붙고 말다툼이 일었다. 부엌에 기대 앉아 있던 삼촌이 어린 것이 버릇이 없다며 내 손에 들려 있던 바가지를 발로 올려 찼다. 물이 사방으로 튀며 내 옷과 얼굴이 젖고 말았다. 순간 손이 떨리고 수치스러웠다. 아빠 말고 그 어떤 인간이 무슨 권한으로 내게 이런 취급을 하나 생각했다. 맞아 죽더라도 싸우고 싶었다. 싸움이 더 커질 것 같자 큰엄마가 애랑 똑같냐며 삼촌을 집에서 내보냈다. 그 뒤로 마을에서 종종 마주쳤지만 본체만체했다. 하루는 지나가는 내게 그 삼촌이 허리를 쭉 펴고 걸으라고 한마디했다. 그날의 앙금이 남아 있던 나는 들은 체도 하지 않았다.

어느 날 용천 다리 밑에서 칼에 맞은 시체가 발견됐다는 소문이 퍼졌다. 알고 보니 그 삼촌이었다. 전역을 한 달 앞두고 평양에서 부모님이 놀러 왔다 간 지 며칠 되지 않았을 때였다. 곧 집으로 간다고 신이 난 삼촌은 가죽 재킷을 입고 돌아다녔다. 그날 밤늦게 자전거를 타고 가다 강도를 만난 거였다. 군복을 입고 있었다면 칼에 맞아 죽진 않았을 텐데…. 삼촌이 죽었다는 게 오랫동안 믿기지 않았다. 전역해 집으로 돌아간 것만 같았다.

폐허에도 꽃이 핀다

북한에선 설, 김가네 생일, 추석 그리고 청년절(8월 28일)이 큰 명절에 속한다. 우리 동네에선 휴가철이 따로 있는 게 아니었어서, 더위가 꺾이고 아침저녁으로 시원해진 청년절을 휴가처럼 보냈다. 그날은 백사장이나 솔밭 어디를 가도 철판에 불고기를 구워 먹으며 녹음기[3]를 틀어 놓고 춤추는 사람들을 자주 볼 수 있었다. 우리 마을도 친하게 지내는 집끼리 집에서 모여 놀거나 친구들 몇 명이 모여 휴양지로 놀러 가곤

---

3) 카세트

했다.

  그해 청년절엔 우리 마을에서 배를 타는 6촌 삼촌과 삼촌 친구들, 엄마, 아빠, H 언니 이렇게 모여 놀았다. 집 앞에도 바다와 백사장이 넓게 펼쳐져 있었지만 휴양지로 가서 어죽을 끓여 먹기로 했다. 제각각 자전거 뒤에 어죽 재료와 가마솥, 5리터짜리 술 한 빵깡⁴⁾을 나눠 싣고 출발했다. 나는 H 언니 자전거 뒤에 탔다. 삼촌 친구들이 무리 지어 가다 한 명씩 H 언니 옆으로 붙더니 삼촌과 무슨 관계인지 물었다. 언니가 아무 사이도 아니라며 얼굴을 붉혔다. 친구들이 삼촌 쪽으로 가서 정말 아무 사이가 아닌지, 아니라면 H 언니가 마음에 드는지 묻고는 다시 언니 옆으로 왔다. 언니에겐 삼촌 정도면 남자로 괜찮은 것 아니냐며 짓궂게 계속 물었다. 삼촌보다 한두 살 형인 친구들이 쑥스러워하는 언니와 삼촌을 놀리는 데 재미 들린 것 같았다. 자전가 바퀴가 굴러 가는 길 위에 웃음소리가 바람을 타고 허공으로 퍼졌다.

  휴양지라는 간판이 붙은 솔밭에 도착하니 좋은 자리는 사람들이 이미 차지한 채 놀고 있었다. 우리는 조금 더 이동해

---

4) 통.

바다 기슭을 바위가 덮쳐서 방파제처럼 생긴 해변으로 갔다. 둘러앉기 편한 바위 위에 자리부터 잡았다. 아빠는 돌 몇 개를 가져다 놓곤 가마솥을 올리고 불을 지폈다. 엄마와 H 언니는 감자를 깎고 쌀을 씻었다. 삼촌과 친구들은 물이 찬데도 윗옷을 훌러덩 벗어 던지고 텀벙텀벙 물속으로 뛰어들었다. 물개처럼 잠수를 해 주먹만 한 섭조개를 따고 성게를 잡았다. 바다에 빠진 바위가 방파제 역할을 해 수심이 깊고 그 아래엔 미역이며 성게, 해삼, 문어 등이 많았다. 그렇게 잡은 조갯살을 넣고 어죽을 끓였다. 어느새 술통도 가마솥도 비우며 다들 상기되었다.

나는 그날 게 낚시에 빠져 정신을 놓다시피 했다. 바위에 가득 달라붙어 있는 섭조개를 뜯어 살을 발라 나무 꼬챙이에 묶었다. 그걸 물에 넣고 기다리면 바위틈에서 손톱만 한 게들이 슬금슬금 기어 나왔다. 조금만 방심하면 먹이를 집게발로 뜯어 가지고 도망갔다. 나는 손끝에 집중하고 기다리다 게가 먹이를 집는 순간 낚아채 올려 봉투에 담았다. 눈에 빤히 보이는 게를 손으론 절대 잡을 수 없었다. 게가 먹이에 달라붙을 때까지 기다리는 시간은 초 단위로 초조하고 지루하고 짜릿했다. 집에 가야 한다는 엄마 말을 듣고도 못 들은 체하며 속으로 한 마리만 더, 한 마리만 더를 계속했다. 결국 마지막엔 끌려가다시피 자전거 뒤에 탔다.

명절 때마다 단체 행사가 있는 북한에서 이 정도로 자유로웠던 건 우리 마을이 시내에서 떨어진 마을이었기 때문이다. 보통은 명절마다 행사에 참여해야 했다. 청년절 날 광장엔 초저녁부터 무도회장이 열렸다. 검은 치마에 흰 저고리를 교복처럼 입은 여대생들과 단추가 목까지 올라오는 옷을 입은 남학생들은 필수 참석이었다. 시내에 직장이 있는 직장인들도 그랬다.

어느 해 청년절인가 H 언니가 엄마에게 무도회장에 같이 가자 졸랐다. 갓 고등중학교를 졸업하고 직장에 소속되어 있지 않던 언니는 무도회장에는 가고 싶고, 혼자는 쑥스러웠던 것이었다. 그 말을 들은 엄마도 몹시 가고 싶어 했다. 거울 앞에서 옷을 입어 보며 들떠 있던 엄마는 끝내 무도회장에 가지 못했다. 어린 나를 데리고 갈 수도 없고, 간다고 해도 밤늦게 돌아오는 길이 멀고 위험해서였다.

무도회가 끝나고 나면 참석했던 청년들 사이에서 쪽지를 몇 개 받았는지 또 어떤 내용이었는지 소문이 돌았다. 무도회 하이라이트는 연애 쪽지였다. 원을 지어 남녀가 파트너로 춤을 추는 사이 마음에 드는 이성을 만나면 남자들은 미리 준비해 간 쪽지를 건넸다. 다음 날 언제 어디에서 만나자는 정도의 쪽지지만 받는 사람이 설레기엔 충분했다. 쪽지를 받은 이성이 마음에 든다면 만남이 이뤄졌다. 꽃샘추위에도 피는 꽃처럼, 의무적 참석을 요구하는 무도회장에도 청춘들의 낭만이 피어났다.

그렇게 만나 결혼한 부부도 있을 터였다. 클럽에서 만나 결혼한 부부가 세계 곳곳에 있는 것처럼. 형태는 달라도 삶의 모습은 서로 닮아 있다. 그때 삼촌과 H 언니 사이에 아무 일이 없었어도 주변 사람들 눈엔 청춘이라는 이유로 사랑이 잉태될 가능성이 가득했던 듯싶다. 엄마 아빠도 틈만 나면 삼촌과 H 언니에게 넌지시 물으며 둘을 맺어 주려 했다.

6촌 삼촌은 나보다 먼저 한국에 왔다. 지금은 한 여인의 남편으로 두 아이의 아빠로 살아간다. H 언니는 남한에 오려고 서른이 넘도록 부모님의 성화를 참아 내면서 시집을 가지 않았다. 우리 엄마가 탈북한 뒤엔 그 꿈을 곧 이룰 것만 같아 기뻐했다. 추운 바닷가 집에, 나와 누워 행복한 미래를 그리곤 했다. 나는 내 앞에 어떤 날들이 펼쳐져 있는지도 모르면서 곧 연락을 보내겠노라 약속했다. 내가 탈북한 뒤 H 언니는 끝끝

내 부모님의 강요를 못 이겨 시집을 갔다고 몇 년 뒤 전해 들었다. 이제 언니는 더 이상 그 꿈을 꾸지 못한다.

방탄소년단과 조선소년단

"방탄소년단? 남한에도 그런 게 있습니까? 삼촌은 조선소년단 출신인데."

영화 <공조 2>에서 나온 대사였다. 조선소년단 출신이란 말에 웃음을 터뜨린 관람객은 나밖에 없었다. 이 대사에 웃음을 터뜨린다면 틀림없이 탈북민일 거라는 생각이 들었다. 또 여기 앉아 있는 사람들과 나는 어찌 보면 같지만 물속에 뜬 기름처럼 다르다는 인식이 새삼스럽게 떠올랐다.

한때는 나도 조선소년단이었다. 인민학교에 입학하고 나니

3학년 언니 오빠들의 목에 두른 붉은 넥타이가 멋져 보였다. 나도 빨리 커서 넥타이를 휘날리며 학교에 다니고 싶었지만 아무 때나 입단시켜 주는 것도 아니고 소년단 입단에도 등급이 있었다. 김일성 생일인 2월 16일, 김정일 생일인 4월 15일, 조선소년단 창립일인 6월 6일순이었다. 2월 16일에 입단하려면 집안도 정치적으로 문제가 없어야 하고 공부도 잘해야 했다.

어느 날 선생님이 나를 포함한 열댓 명의 이름을 호명하며 수업이 끝난 뒤 학교에 남으라 했다. 호명된 친구들은 학급에서 성적순으로 뽑아 놓은 것처럼 공부도 잘하고 경제적으로 여유 있는 집 친구들이었다. 반면 나는 중간에서 조금 떨어지는 어정쩡한 위치에 있는 아이었다. 선생님을 따라간 곳은 소년단 지도원실이었다. 벽에 큰 선전용 벽화가 위압적으로 걸려 있었다. 카리스마 넘치는 소년단 지도원 선생님이 우리를 맞았다. 명단을 보더니 한 명씩 이름을 부르며 얼굴을 확인했다. 영광스러운 조선소년단에 입단하게 된 걸 축하한다며 입단을 하려면 입단 선서를 외워서 시험을 통과해야 하니 다시 올 때는 외워 오라 했다.

다음 날부터 친구들은 복도에 쓰여 있는 입단 선서를 외우기 시작했다. 명단에 들어가지 못한 친구들이 나를 질투하기 시작했다. 선생님에게 자기보다 성적이 낮은 내가 어떻게 2월 16일에 입단하는지 묻는 친구도 있었다. 선생님이 그럴 만한 이유를 둘러댔다. 엄마가 학교에 필요한 무언가를 선생님에게 해 드린 것이었다. 친구들은 입을 삐죽거리며 수군거렸다. 선생님이 명단에 있는 아이들은 수업이 끝난 뒤 남아서 선서를 암기하라 했지만 나는 눈치를 살피다 집으로 도망쳤다. 질투를 받는 것도 싫고 입단 선서를 외울 의지도 그럴 머리도 없었다. 얼마 뒤 소년단 지도원실에 가서 암기한 선서를 확인하는 세 번의 시험이 있었다. 나는 매번 뒤쪽에 서 있다 나왔다. 나처럼 선서를 외우지 못해 떨어진 아이는 한 명뿐이었다.

 4월 15일 입단 명단에 내 이름이 또 들어 있었다. 입단하지 못한 친구들 중에서 걸러 낸 스무 명의 친구들이었다. 나는 그때도 친구들이 벽에 서서 선서를 외울 때 집으로 향했다. 외우지 않았으니 통과할 리 없었다. 소년단 지도원 선생님은 선서를 외우지 못하면 입단을 하지 못하는 것처럼 말했지만 6월 6일엔 남은 아이들 전부 입단시켰다. 나는 4월 15일에 떨어진 친구들과 공부를 못하거나 집이 아주 가난한 친구들과 입단했다. 학부모들이 모인 운동장에서 초대 손님들과 선생님들이 우르르 나와 학생들에게 붉은 넥타이를 매 줬는데 나는 담임 선생님이 해 줬다. 입단식을 마치고 집으로 돌아오는 길에 또래 남학생들이 날 보고 6·6절에 입단했다고 놀렸다.

개구리를 찬물에 넣은 다음 서서히 물 온도를 높이는 실험이 있다. 개구리는 변화를 인지하지 못한 채 서서히 죽어간다. 북한 사회와 꼭 닮은 모습이다.

인민학교를 졸업하고 고등중학생이 되면 소년단원에서 사로청[5]으로 바뀐다. 학교를 졸업하면 남자들은 군대에 가고, 직장은 직장대로 유부녀는 유부녀대로 여맹[6]에 소속된다. 소속된 곳에서 하는 것이라곤 사상 교육, 생활 총화, 외화 벌이, 농촌 동원 지원이 전부다. 소속 없이 몇 달이 지나면 노동 단련대로 데려가 강제 노동을 시킨다. 잡혀 가지 않고 장사를 하려면 직장에 달마다 정해진 돈을 내고 몸과 시간을 사야 한다. 생각할수록 이해할 수 없는 곳이다.

나는 입단 때 맨 그 붉은 넥타이가 족쇄의 시작인 줄은 꿈에도 몰랐다. 서서히 내가 죽어 가는 곳이라고 생각조차 못했다.

---

5) 사회주의로동청년동맹.
6) 조선사회주의녀성동맹.

성옥이와 산딸기

카페를 오픈한 지도 몇 해를 넘겼다. 어느새 단골도 생기고 내가 단골이 된 곳도 있다. 커피를 마시러 오는 손님이 카페 단골이 되듯 나는 끼니를 때우려 근처 김밥 집부터 떡볶이 집, 마주보고 있는 떡집에 자주 간다. 매일이다시피 눈인사를 하고 이야기를 나누다 보니 떡을 사러 가는 길에 커피를 들고 가기도 하고, 떡집 사장님은 남는 떡이 생기면 수시로 가져다 준다. 돈을 내고 산 떡보다 거저 받은 떡이 더 많을 때도 있다.

하루는 떡집 사장님이 아직 맛있게 익진 않았는데 맛봐요 하며 손을 내밀었다. 작은 종이컵에 빨간 산딸기가 담겨 있었다. 나는 반가움에 컵을 받아 들기 바쁘게 산딸기를 집어 입에 넣었다. 새콤한 맛이 입안을 돌고 뒤이어 희미한 단맛이 감돌았다. 해당화 씨처럼 생긴 산딸기의 여린 과즙 사이 작지만 단단한 씨가 오도독 씹혔다. 어릴 적 산딸기를 먹고 싶어 친구 뒤를 졸졸 따르던 추억도 같이 씹혔다.

내가 자란 동네는 해변가라 해산물은 풍부했지만 산에서 나는 모든 게 귀했다. 반면 산동네에 사는 친구들은 나와 반대였다. 6월이면 산동네에 사는 친구들이 물병에 산딸기를 가득 채워 학교에 들고 왔다. 노지에서 자란 산딸기는 모양새나 크기는 볼품없었지만 그 맛만은 일품이었다. 친구들은 산딸기를 들고 온 친구 곁을 졸졸 따라다녔다. 친구에게 몇 알, 한 줌 달라고 조르는 친구들이 있는가 하면 다음 날 누룽지나 사탕을 주겠다며 협상을 제안하는 친구들도 있었다.

나는 주눅이 들어서인지 숫기 없는 성격 탓인지 친구들과 어울리기 힘들었다. 산딸기를 좀 달라는 말 같은 건 한마디도 입 밖으로 꺼내지 못했다. 가끔 성격 좋은 친구가 내게 산딸기를 몇 알 쥐어 주면 얼마나 고마웠는지 모른다. 눈을 질끈 감게 하는 새콤함과 터진 침샘을 감돌아 목으로 넘어가던 달콤함은 걱정 많은 나조차 아무 생각할 수 없게 만들었다.

   딸기 수확량이 적을 때나, 깍쟁이 친구는 자랑만 할 뿐 하나도 나눠 주지 않았다. 그럴 때면 산마을에 사는 다른 친구가 치사하다며 내일 자기가 산딸기를 따와 모두에게 나눠 줄 거라고 큰소리를 쳤다. 그 시절 우리에게 산딸기는 하나의 놀이이자 권력이었다. 철이 지나면 사라지는 인기였지만 그래도 그 시기엔 그만 한 게 없었다.

   산딸기와 철이 비슷한 앵두도, 알이 잘고 씨만 큰 개복숭아도, 개암이며 잣까지 먹을 수 있는 모든 건 우리의 간식이었다.

   나는 졸업사진 대신 산딸기 같은 추억을 갖고 인민학교를 졸업했다. 고등중학교를 일 년 반쯤 다니다 어린 동생을 보기 위해 외할머니 댁 근처 학교로 전학 간다고 '전학증'을 떼곤 학교에 가지 않았다. 학교를 가지 않는 건 좋았지만 막 친해진 성옥이를 보지 못하는 건 싫었다. 우리 반에서 공부를 제일 잘하는 성옥이와 한 책상을 쓰면서부터 공부에 흥미가 생기고 성적이 오르기 시작했기 때문이었다.

   내가 학교를 그만둔 뒤로 성옥이가 우리 집에 몇 번 찾아왔다. 텃밭에서 딴 옥수수와 채소를 가져다주며 언제 다시 학교에 오는지 물었다. 일 년 뒤에 학교로 돌아갈 줄 알았던 나는 곧 학교에서 만나자며 손바닥을 마주쳤다. 성옥이가 학교에 돌아오면 그동안 못 배운 공부는 자기가 알려 준다 했다. 우리 약속은 엄마의 탈북으로 물거품이 됐다.

엄마가 탈북한 뒤론 학교에 다니고 싶다고 생각할 여유도 없었다. 학교를 다니는 친구들과는 점점 멀어졌다. 교복을 입고 지나가는 또래 친구들을 보면 피했다. 양반과 상놈처럼 우리의 처지는 극명히 갈렸다. 시간이 흐르면서 학교도 성옥이도 멀어지고 잊혀 갔다.

현실에 파묻혀 웅크리고 있던 추억이 산딸기 신맛에 깨어났다. 이름도 얼굴도 까먹은 유년시절 친구들이다. 친구들은 이제 아이도 두엇 낳았겠지. 졸업식 날 둥글게 앉아 손수건을 돌리며 노래 부르던 아이들은 주름진 이마에 자식을 거느리곤 손에 손수건이 아니라 술잔을 들겠지. 우리가 다녔던 학교에 친구들 아들딸들이 다니고, 우리가 그랬듯 병에 산딸기를 넣어 학교로 가겠지. 아빠 이름의 '성'자와 엄마 이름의 '옥'자를 따 성옥이라 불렸던 친구는 어떤 사람을 만나 어떤 이름을 아이에게 물려줬을까. 나의 유년 시절은 성옥이라는 이름 하나와 산딸기의 신맛과 그리움뿐이다.

희고 검은 밥

~~~~~~~~~~~~~~~

 누구나 처음이라는 기억으로 새겨진 순간이 있다. 내겐 처음 술을 마시고 지구가 거꾸로 돌던 순간이, 손끝에 온 힘을 쏟던 첫 낚시질이, 아찔하던 첫 입맞춤이, 처음 맛본 겉은 까맣고 속은 하얀 김밥이 그렇다.

 내가 대여섯 살 때쯤이었다. 그해 청년절엔 여맹에서 대중 율동 체조를 널리 보급하라는 김 씨의 말을 따라 행사가 열렸다. 각 마을별로 팀을 꾸려, 대중 율동 체조를 가장 잘하는 마을을 뽑는 것이었다. 우리 마을 아줌마들은 한 달 전부터 마을

공터에 모여 율동 연습을 했다. 먹고살기도 바쁜데 뭐하는 짓이냐며 목소리 높이는 아줌마도 있었고, 이 나이 먹고 다리 허우적거리고 뭐하는 건지 모르겠다며 시큰둥한 아줌마도 있었다. 모두 입을 삐죽거리며 모였지만 뻣뻣한 몸 때문에 웃음이 터져 헤어질 땐 웃으며 돌아갔다.

연습을 하는 둥 마는 둥 했지만 청년절 당일엔 모두 흰 티에 검은 바지를 맞춰 입고 근처 솔밭에 모였다. 율동 체조에 참석하지 않는 아줌마들은 음식을 해 와 아이들을 돌보며 행사에 참여했다. 우리 마을이 호명되고 아줌마들이 앞으로 나가 줄을 섰다. 각자 동작이 맞지 않아 문어 다리처럼 일관성이 없었지만 눈치껏 동작을 맞추며 율동 체조를 했다. 상단에 앉아 있던 심사위원 아줌마들이 점수를 매겼는데 우리 마을은 순위권에 들지 못했다.

두 시쯤 행사가 끝났다. 율동 체조를 마치고 지쳐 있던 아줌마들 표정이 활짝 폈다. 옆에서 족구하던 동네 아저씨들과 뛰어놀던 아이들도 밥 먹자는 소리에 우르르 몰려갔다. 소나무 그늘에 도시락을 펼쳐 놓고 모여 앉았다. 아줌마들이 마을에서 걷은 회비로 만들어 온 건 냉국과 김밥이었다. 겉은 까맣고 속에 오이와 당근이 든 하얀 쌀밥, 그 위에 올린 빨간 양념장.

그때 김밥을 처음 봤다.

처음 보는 김밥이 신기했던 건 처음 보는 모양새와 집 앞 바다에 밀려 나오는 바다풀이 재료여서였다. 김밥에서 물놀이를 하다 출출함을 달래려 주워 먹었던 바다풀 냄새가 나고 시큼한 맛이 났다. 내 기억에선 지워졌지만 엄마는 그날 김밥을 먹고 식중독에 걸렸다. 시큼했던 게 양념장 맛이 아니라 밥이 상해서 난 맛이었다.

두 번째로 김밥을 먹었던 건 인민학교를 다닐 때였다. 북한에서 많은 학교가 그렇듯 우리 학교도 급식 시설이 없어 오전 수업이 끝나면 모두 집에 가 밥을 먹고 다시 학교로 와야 했다. 초등학생이던 내 걸음으로 집에서 학교까지 삼십 분 정도 걸렸다. 집에 와서 점심을 먹고 다시 학교로 돌아가면 두 시간은 사라졌다.

그러던 어느 날 엄마에게 점심시간을 활용해 공부를 하겠다며 도시락을 싸 달라 했다. 사실 친구들과 점심시간에 학교에서 놀려고 도시락을 싸 오기로 미리 약속했다. 사실대로 말하면 싸 주지 않을 것이 뻔해 공부를 한다고 거짓말했다. 엄마는 평소 공부에 관심 없는 내가 공부를 하겠다니 기뻤는지 정성껏 도시락을 싸 줬다.

  나는 책상에 앉자마자 도시락을 싸 온 친구들과 눈치를 주고받으며 점심시간을 기다렸다. 평소보다 몇 배는 길게 느껴진 오전 수업이 끝나고 도시락을 싸 온 친구들만 남고 모두 집으로 갔다. 우리는 책상 하나에 둘러앉아 보물 상자 확인하듯 도시락 뚜껑을 열었다. 내 도시락엔 김밥이 들어 있었다. 친구들 사이에 김밥을 처음 본다며 신기해하는 친구와 먹어 봤다는 친구로 나뉘었다. 친구들 도시락을 봤다. 노란 강냉이밥 사이에 된장 한 숟갈을 넣은 도시락도 있고, 으깨진 감자가 쌀보다 많은 감자밥에 기름기 없는 나물 반찬을 싸 온 도시락도 있었다. 우리는 도시락 뚜껑을 돌리며 조금씩 덜어내 나눠 먹었다.

  집에 돌아온 내게 친구들은 무슨 도시락을 싸 왔는지 엄마가 물었다. 나는 본 그대로 말했다. 내 도시락이 가장 좋았다고 다들 부러워했다는 것도 빼놓지 않았다. 다음 날 내 도시락에도 노란 강냉이밥이 들어 있었다. 며칠 뒤부턴 아예 도시락을 싸 주지 않았다. 그 뒤로 김도 귀했지만 흰 쌀밥이 더 귀해 김밥은 구경도 하지 못했다.

  북에선 김밥이 귀한 음식이었는데 이곳에선 생계형 음식이

다. 나도 서울에서 살면서 20대 자취생이 그렇듯 김밥과 친하게 지냈다. 학교 가는 길에 편의점에서 산 김밥을 지하철을 기다리며 급하게 입에 욱여넣곤 했다. 수업을 따라 가기 위해 저녁마다 과외 수업을 듣고 김밥을 먹으며 서러웠던 날도 있었다.

최근 자영업자가 된 뒤로 출근길에 편의점에서 삼각 김밥을 사 들고 오는 날이 많았다. 카페를 개업하고 몇 달 동안은 삼각 김밥과 컵라면이 주식이었다. 허기진 일상이 채워질 만큼 속이 꽉 찬 김밥을 한 입 먹으면 힘이 난다. 내가 여기서 김밥을 먹으며 이겨 내는 날들이 많을수록 동생이 고향에서 김밥을 먹을 수 있다. 처음 김밥을 먹었던 추억 위에 지금 내 손에 들린 김밥이 덧씌워진다.

양귀비

 미식축구 공처럼 생긴 작은 봉오리가 봄볕 앞에 요염하게 서 있다. 그 옆엔 겉잎 사이로 조개 혀 같이 꽃잎을 내밀고 바깥 온도를 확인하는 봉오리도 있다. 이제 봄이다 싶었는지 와락 꽃잎을 펼치고 바람에 춤추는 붉은 양귀비도 더러 있다.

 어릴 적부터 양귀비를 많이 봐 왔던 나는 서울 길가에서 만난 양귀비가 고향 친구처럼 반가웠다. 양귀비 꽃잎을 감상하는 것도 잠시, 의구심이 들었다. 한국은 마약을 엄격하게 단속하는데 양귀비가 대놓고 공원에 있다니. 내가 아는 양귀비가 맞는지 찬찬히 들여다봤다. 꽃송이도 작고 씨방은 아주 작았다. 아편은 씨방에서 채취하는 것이니 내가 아는 양귀비가 아닌 듯했다. 그러고 보니 팻말에 '개양귀비'라고 적혀 있었다. 모양새는 흡사해도 다른 꽃이었다.

    내가 자란 동네는 동쪽으론 바다가 펼쳐지고 서쪽으론 산이 두 팔로 대지를 감싸고 있는 형상이었다. 산과 바다 사이엔 큰 길이 하나 나 있었고, 산자락엔 과수원이 부채처럼 펼쳐져 있었다. 산봉우리는 며칠 굶은 짐승의 척추 같았다. 그 봉우리에 서 있는 아름드리나무는 쭈뼛 선 털처럼 보였다. 제각각 자리 잡은 마을들 중앙에 큰 길을 옆에 두고 인민학교와 고등중학교가 있었다. 유일한 학교여서 근처 마을 아이들은 다 이 학교에 다녔다.

    내가 인민학교를 다니던 때였다. 선생님들은 성적보다 출석률을 더 중요시 여겼다. 아마도 농촌 동원을 나가거나, 정기적으로 학교에 제출하는 것이 있어서 그랬던 듯싶다. 우리에겐 학교에 나오지 않는 친구들을 데리러 가는 것도 하나의 일과였다. 결석한 친구들은 가정 사정이 좋지 않았다. 대부분 서쪽 산 아래 마을에 사는 농장원 자식들이었다. 농사철엔 바빠서, 봄엔 먹을 게 없어서, 가을엔 나무하러 가야 해서 학교에 나오지 못했다. 동쪽 마을 친구들은 그나마 형편이 나았다.

　우리는 오후 2교시가 끝나면 교실 청소를 하고 결석한 친구 집으로 보내졌다. 처음 한두 번은 선생님도 같이 갔는데 그 뒤론 우리만 보냈다. 한참을 걸어 친구 집 앞에 도착하면 우리는 입이 한가득 나와선 "아무개 데리러 왔습니다." 하고 소리쳤다. 땡땡이 치고 동네에서 신나게 놀다 우릴 보고 도망가는 친구도 있었고 집에 꽁꽁 숨어 마지막까지 나오지 않는 친구도 있었고 친구 엄마가 나와 우리를 쫓아낼 때도 있었다. 공부를 싫어했던 내가 공부보다 더 싫어했던 게 친구를 데리러 가는 거였다.

　어느 날 친구들과 학교에 나오지 않은 친구를 데리러 가다 경비가 없는 양귀비밭을 마주했다. 이미 아편을 다 채취한 뒤라서 경비가 없었다. 우리는 눈치를 살피다 밭으로 뛰어들었다. 담배밭에 들어와 있는 듯 찐득한 풀독 오른 냄새가 나면서 머리가 띵했다. 양귀비 씨방에 아편을 채취하다 생긴 상처가 해적 얼굴에 남은 칼 흉터처럼 남아 있었다. 우리는 잽싸게 씨방을 몇 개 뜯어 밭에서 나왔다. 경험이 있는 친구가 우릴 모아 놓고 손바닥에 탁탁 쳤다. 차르르 씨방 안에서 씨가 떨어져 돌아다니는 소리가 났다. 씨방을 반으로 쪼개 씨를 보여 줬다.

우리는 친구가 보여준 대로 양귀비 씨를 손에 받아 입안으로 털어 넣었다. 들깨처럼 생긴 씨앗은 고소했다.

양귀비 씨를 털어 먹는 재미에 지루했던 길이 짜릿한 놀이터로 바뀌었다. 하루는 너무 많이 먹었는지 머리가 어지럽고 속이 메슥거렸다. 아편의 필요성을 알고 있던 나는 어지러운 상태에서도 양귀비 씨방을 챙겨 집에 가져갔다. 엄마가 다음 해 텃밭에 심겠다며 처마 밑에 달아 놨다.

그다음 해였던가, 몇 년 뒤였던가. 농장원들이 양귀비밭을 싹 갈아엎고 콩을 심더니, 보안원들은 개인의 양귀비 재배를 단속하기 시작했다. 양귀비를 재배했던 농장원 집을 돌며 갖고 있는 양귀비 씨앗을 회수해 갔다. 하지만 오래전부터 아편을 상비약으로 사용했던 사람들이 순순히 말을 들을 리 없었다. 병원은 건물만 있을 뿐 약이 없고, 장마당은 멀고 약값은 비싸니 진통제가 필요할 땐 텃밭에 심었던 양귀비에서 긁어 놓은 아편을 먹었다. 양귀비는 단속을 피해 어딘가에서 몰래 꽃을 피우곤 아편이 됐다.

우리 마을은 보안원들과 친하게 지내 별다른 단속은 없었다. 그러던 어느 날 집에 놀러 왔던 보안원이 처마 밑에 매달린 양귀비 씨방을 발견하곤 이런 걸 갖고 있으면 큰일 난다며 가져갔다. 마을마다 숨겨 놨던 양귀비 씨도 줄어들고 집집마다 갖고 있던 상비약 아편도 말라 갔다.

  북한에서 양귀비를 다시 보게 된 건 열댓 살 때쯤이었다. 어느 날 외할머니 심부름으로 탄광 윗마을로 가던 중이었다. 산을 깎아 길과 밭으로 이뤄진 조금 험한 길이었는데 그 길 한가운데 하얀 양귀비꽃이 막 피어나고 있었다. 나도 모르게 양귀비꽃을 보자마자 이걸 집으로 가져가 옮겨 심은 다음 씨방이 조금 커지면 칼로 그어 아편을 추출해야겠다 생각했다.
  나는 그 자리에서 양귀비를 뿌리째 뽑을 수도 없고, 어디 넣을 데도 없으니 우선 심부름을 끝내고 들고 가기로 했다. 나는 양귀비가 누군가의 눈에 발견되지 않길 바라며 심부름을 마쳤다. 다시 그 자리로 돌아왔을 땐 양귀비꽃 목이 똑 끊겨 우유 같은 진물을 흘리며 땅에 떨어져 있었다. 진물이 막 차오르는 걸 보니 방금 누군가 꺾어 놓고 간 것 같았다. 아편이 아주 귀해졌을 때라 아쉬우면서 이제 막 핀 꽃을 꺾어 놓은 게 괘씸했다.
  그 뒤론 양귀비꽃은 보지 못하고 떠도는 소문을 들었다. 돈이 좀 있는 사람들은 아편처럼 시커먼 걸 먹지 않고 두만강을 넘어 온 '빙두', '얼음'이라 불리는 것들을 한다고. 어릴 적 아름답게 봤던 양귀비밭은 나라에서 외화를 벌기 위해 심은 것이라고.

당나라를 망하게 한 현종의 양귀비처럼 아름답고 위험하다 해 이름 붙여진 꽃 양귀비. 그런 양귀비의 꽃말은 위로, 망각, 몽상이다. 양귀비에서 아편이라는 환각 물질이 나오니 참 어울리는 꽃말이다.

종종 듣는 북한의 마약 실정에 눈을 감고 만다. 나라가 저 꼴이니 살아남으려면 마약에라도 의지해야 하는 심정이 이해되기도 하고 안타깝기도 하다. 배고픔이 잊히고 기분이 좋을지라도, 그 끝은 가족의 몰락이라는 걸 그들도 알고 있을 텐데. 부디 순간의 위로를 잊고 인생을 빼앗아 가는 유혹으로부터 벗어나길 바란다.

입동

겨울이 온다

분단 자매

얼마 전 보험을 다시 들었다. 정착 초기에 잘 모르고 들었던 보장 낮은 보험을 해지하고 3대 진단비만 기본으로 넣었다. 보험에 대해 아무것도 모르다 보니 일일이 찾아서 공부하느라 눈이 아프게 휴대폰을 들여다봐야 했다. 더 이상 손볼 게 없겠다 싶어 보험 신규 가입을 신청했다. 설계사가 보험 약관을 읽어 주더니 키, 몸무게부터 형제자매가 있는지 물었다. 나는 형제자매가 있냐는 질문에 머뭇거리다 "아니요."라고 답했다.

함경북도 끝자락에도 봄빛이 흘러드는 삼월 말의 어느 날이었다. 얼었던 땅이 부풀어 오르는 것을 보니 곧 텃밭에 시금치, 배추, 상추 씨앗을 심어도 될 것 같았다. 이따금씩 찬 바람이 콧등을 시큰하게 때리고 가면 봄볕이 달래듯 쓰다듬었다. 그 탓에 코와 볼은 빨갛게 얼어 가고 태양을 마주한 머리만 따뜻했다.

나는 엄마 아빠와 마당에서 쌓여 있던 낡은 그물을 손질했다. 엄마는 짙은 남색의 나팔 모양으로 허리가 넓은 임산부 옷을 입고 있었다. 그 덕에 해산달임에도 티가 나지 않았다.

나는 밭돌[7]이 있는 아래 밧줄을, 아빠는 봇[8]이 달린 윗부분을 서로 잡아당기며 그물과 밧줄을 엮은 실을 풀어냈다. 그러면 엄마는 실을 잡아당겨 둥근 봇에 돌돌 감았다. 손이 움직일 때마다 바다 먼지와 비린내가 풀썩거렸다. 아빠는 어딘가 불편한 것 같기도 긴장한 것 같기도 했다. 종종 입가에 웃음이 피다 사라졌다. 나는 집과 마당에 흐르는 긴장감에 무슨 일이 있을 것만 같아 눈치를 살폈다. 엄마는 덤덤한 표정이었다. 마당엔 정적이 흐르고 햇빛은 넘쳐흐를 만큼 찬란했다.

엄마가 일하다 얼굴을 찌푸리며 배를 끌어안았다. 며칠 전

---

7) 어구가 물 밑으로 드리우거나 가라앉게 하기 위하여 그물 아래에 다는 납이나 돌로 만든 추.
8) 부력을 만들기 위해 일정한 크기로 잘라 붙인 자작나무 껍질.

부터 출산을 도와주러 와 있던 산부인과 선생님은 진통이 시작된 것 같다며 아빠에게 부엌에 불을 지펴 달라 했다. 엄마는 자리를 옮겨 방으로 들어갔다. 점차 진통 간격이 빨라지자 엄마의 신음 소리도 커졌다. 아빠는 아궁이에 장작을 한가득 넣고는 부엌을 서성거리다 밖으로 나갔다. 선생님은 아랫목에 이불을 펴고 그 위에 미리 준비해 둔 두꺼운 비닐을 씌웠다. 엄마는 비닐 위에서 오 분 간격으로 오는 진통에 배를 안고 굴렀다. 진통이 심해지자 선생님이 나에게 부엌에 나가 있으라 했다. 아무것도 모른 채 엄마의 고통을 지켜보는 나는 공포에 떨어야 했다.

오후 한 시쯤이었다. 엄마에게서 처음 들어보는 괴상한 소리가 흘러나왔다. 엄마가 꼭 죽을 것만 같았다. 열한 살이던 내게 엄마가 이 세상에 없다는 것만큼 큰 공포는 없었다. 아이들에게 부모는 우주라고 하지만 내겐 매일 술에 취해 있는 아빠를 빼고 엄마만이 우주였다. 꼭 닫힌 문 너머에서 무슨 불길한 일이 일어날 것만 같아 참고 있던 눈물이 터졌다.

"엄마 죽지 마!"

나는 나도 모르게 울며 소리쳤다. 순간 벼락 같은 소리가 문틈을 뚫고 나왔다.

"엄마가 죽긴 왜 죽어? 방정맞게!"

순간 두려움은 온데간데없고 엄마가 화를 내는 것이 더 무서워졌다. 뒤이어 엄마가 지금 내게 관심 없다는 서운함과 또 어떤 무서운 일이 일어날지도 모른다는 두려움에 밖으로 나와 소리도 못 내고 울었다. 한참 울다 보니 눈물이 말라 나오지 않았다. 그때 방 안에서 엄마의 신음 소리 대신 앵 하는 울음소리가 들렸다.

나는 엄마가 무서워 방문을 열지도 못하고 아기의 울음소리와 엄마의 평온한 목소리에 귀를 기울였다. 한참 지나 의사 선생님이 내게 들어와 동생을 봐도 된다 말했다. 나는 팔소매로 눈물 콧물을 닦고는 쭈뼛쭈뼛 문을 열고 들어갔다. 하얀 천에 누에고치처럼 쌓인 존재가 보였다. 이마는 볼록하고, 뜨지 못한 눈은 가늘게 찢어지고, 붉은 얼굴에 계란 흰자 같은 얼룩이 묻어 있었다. 방금 전 괴성을 지르던 엄마는 없고 동생을 내려다보며 웃는 엄마가 보였다. 그렇게 동생이 태어났다. 내가 살면서 느낀 감정 중에 가장 큰 충격이었다.

동생의 기저귀를 갈고 한 줌도 안되는 머리를 빗기고 리본을 달아주던 기억부터, 고향을 떠나던 날 동생을 두고 떨어지지 않던 발걸음까지 모두 생생하다. 내게 동생은 파도를 맞을수록 더욱 선명해지는 백사장의 모래알처럼 시간이 지날수록 짙어지는 존재다. 그런 동생이지만 이곳에서 가족 관계를 증명하는 서류 어디에도 없다. 내게 동생은 존재하지만 존재하지 않는다. 누군가 또 형제자매가 있냐고 물으면 나는 뭐라고 답해야 할까.

졸업 사진

~~~~~~~~~~

　인민학교를 졸업하고 고등중학교로 등교하기 전이었다. 고등중학교 건물이 인민학교 바로 옆 건물이었다. 고등중학교로 올라가면 두 반으로 쪼개지고 다른 인민학교를 졸업한 친구들과 합쳐질 예정이었다. 새로운 친구들을 만나 적응해야 한다 생각하니 긴장됐다. 4년 내내 함께해 온 담임 선생님과 헤어지는 것도 무척 아쉬웠다.

　삼월 끝 무렵이었다. 학부모들이 조촐한 송별회를 열어 줬다. 돈과 쌀을 조금씩 모아 밥과 반찬과 떡을 차리고 선생님께 드릴 선물도 준비했다. 그날 저녁 사오십 명 중에 집이 가장 넓은 친구 집에서 모였다. 옆 마을에 있는 친구 집은 삼청동의 여느 한옥보다 더 멋지게 지어진 개량 한옥이었다.

　옆 마을에 김일성, 김정숙, 김정일까지 모두 다녀가 특별하다며 삼대 장군비도 세워졌다. 김정일이 마을을 방문하기 전, 허름한 집들을 싹 다 헐고 개량 한옥 형식의 선물 주택을 지어 모범적인 가족들에게 나눠 줬다. 일정한 규격으로 지어진 집들은 마당과 텃밭도 있고 과실나무도 심겨 있었다. 처음엔 장군님 사랑에 고래등 같은 집을 받았다고 다들 좋아했다. 선물 주택이라 돈이 있다고 살 수 있는 것도 아니었다. 시간이 흐르자 화려한 외관 뒤에 숨어 있던 단점이 드러났다. 창문이 많아 겉바람이 심하고 한껏 멋을 낸 모양이 온돌방을 덥히기엔 효율이 떨어졌다. 방이 크고 많아도 땔감이 없으면 빛 좋은 개살구였다. 사람들은 장군님 선물이 포장지만 화려한 실속 없는 집이라고 말했다간 큰 봉변을 당할 수 있으니 집 지은 사람들 탓을 하며 쉬쉬거렸다. 이런 저런 애로 사항이 있음에도 선물 주택에 사는 건 자랑이었다.

　밥과 반찬이 담긴 접시와 찰떡 두 덩이, 송편 세 개를 봉투에 담아 줬다. 마음만 먹으면 다 먹고도 부족한 양이었다. 떡은 하나도 먹지 않고 봉투에 그대로 싸는 친구도 있고 다 먹어 치우는 친구도 있었다. 나는 하나씩 맛보고 남은 떡 세 개는 비닐에 쌌다. 남은 떡도 마저 먹고 싶었지만 집에 있는 엄마에게 가져다주기 위해서였다. 옛날엔 할머니들이나 잔칫집에서 몰래 봉투에 떡을 챙겨서 집에 가져가곤 했는데 언제부턴가 문화가 됐다. 특히 엄마들은 집에 있는 아이들에게 맛보이려 튀김이나 떡 같은 귀한 음식은 상에 앉자마자 봉투에 넣었다.

나는 빨리 집에 가서 엄마에게 떡 줄 생각뿐이었다. 젖을 먹고 잠만 자는 동생을 빨리 보고 싶었다. 밥을 먹고 나서 선생님이 짧게 소감을 한마디했다. 선물 증정이 있고 오락회 시간이 왔다. 오락회에 빠질 수 없는 손수건 돌리기도 했다. 빙 둘러앉아 눈을 감고 노래 부르는 아이들 등 뒤로 술래가 붉은 스카프를 들고 돌았다. 모두 노래에 맞춰 박수를 치면서 수시로 등 뒤를 확인했다. 술래에게 걸린 친구들은 벌칙으로 노래를 부르거나 춤을 췄다.

점점 어두워져 등잔불이 켜졌다. 나는 잘 피해 가다 끝내 술래에게 걸리고 말았다. 노래는 온치[9]라 벌칙으로 춤을 추겠

---

9) 음치.

다 했다. 내가 파트너 요청을 하자 친구들은 춤을 춰 본 적 없다며 거부했다. 그중엔 정말 춤을 출 줄 모르는 친구도 있었고 부끄러워 못 일어나는 친구도 있었다. 어쩌면 나를 싫어하는 친구도 있었을 거다. 이성 파트너만 된다는 누군가의 발칙한 발언에 모두가 숨겨 놓은 설렘의 소리를 질렀다.

  그날 모임에서 내가 첫 춤을 췄다. 늘 소심하던 내 속에 어떤 흥이 있다는 걸 그때 알았다. 게임에 걸려 노래만 부르던 친구들도 춤을 추기 시작했다. 처음엔 서먹하더니 어느새 흥으로 얼굴이 뻘겋게 익고 땀이 맺혔다. 악기나 라디오가 있었다면 더 좋았겠지만 목소리와 손뼉만으로 충분했다. 사분의 사 박자 노래는 박자를 줄이고 그 사이 리듬을 넣어 부르면 춤추기 충분한 댄스곡이 되었다. 춤추는 자리에서 빠지지 않는 노래가 있었다. 찔레꽃이었다. 하얀 박꽃이 피는 내 집은 어디일까….

  졸업식 사진은 없었다. 돈을 못 내겠다는 집들이 있었기 때문에 사진은 찍지 않기로 했다. 그때까지만 해도 필름이 비싸고 귀해서 정말 특별한 날에나 찍었다. 사진으로 남기진 못했지만 그날 어두운 방에서 했던 오락회가 내겐 즐거운 졸업 사진으로 남았다.

누렁이 1

어느 날, 장마당에 간 엄마가 강아지 두 마리를 데려왔다. 어미 개가 갑자기 죽는 바람에 장마당에 나온 강아지였다. 영양 상태가 좋은 강아지는 다 팔리고 남은 두 마리를 장사꾼이 사 달라고 하도 사정하기에 데려온 것이었다. 엄마는 아랫목에 헝겊을 깔고 강아지를 내려놨다. 추운 데서 떨다 와서 그런지 비틀거리며 제대로 서지도 못하는 강아지를 보니 살기나 할까 싶었다.

엄마는 펑펑이 가루[10]를 미지근한 물에 풀어서 시간에 맞춰 먹였다. 낮에만 잠깐 밖에 내놓고 아랫목에서 키웠다. 여기저기 발발거리며 살아날 듯했으나 아무 징조도 없이 몸집이 더 큰 강아지가 죽었다. 확률적으로 작은 강아지도 곧 죽을 거라 생각했다. 엄마는 돈만 버렸다며 아쉬워했다.

며칠이 지나도 죽지 않았다. 하루는 강아지를 마당에 내놨는데 보이지 않았다. 찾아보니 퇴비 더미에서 죽은 강아지 배를 파먹고 있었다. 개는 돼지와 달리 동족 고기를 먹지 않았다. 섬뜩한 기분이 들었다. 정신없이 갉아 먹는 강아지를 뜯어내려 하자 이빨을 드러내며 성질을 부렸다. 다음 날도 어느 틈에 도망쳐 나갔는지 죽은 강아지를 뜯어 먹고 있었다. 그 모습을 본 아빠가 이상한 강아지라면서 죽은 강아지를 멀리 버려 버렸다.

한 달쯤 지나 변소에서 낑낑거리는 소리가 들렸다. 강아지가 똥통에 빠져 두 앞발로 간신히 매달려 있었다. 종종 언 똥을 먹곤 했는데 똥이 녹은 걸 모르고 먹으려다 빠진 것 같았다. 엄마가 강아지 두 귀를 잡아 꺼냈다. 나는 마당에 있는 펌프에서

---

10) 뻥튀기 가루.

물을 뽑아 올렸다. 강아지를 비눗물로 몇 번을 씻겼다. 사람도 개도 똥통에 빠지면 제구실을 못하거나 바보가 된다는 말이 있었다. 가뜩이나 비실거리던 강아지가 제대로 살 수 있을지 걱정됐다. 며칠 뒤부터 똥독이 올라 비듬이 생기고 털이 듬성듬성 빠졌다. 제구실을 하리란 기대가 완전히 사라졌다.

그런데 변신이 시작됐다. 새로 난 노란 털에 윤기가 돌더니 가느다란 꼬리는 여우처럼 변했다. 굽혀 있던 한쪽 귀도 뾰족하게 세워졌다. 눈가엔 안경 모양의 테가 몇 줄 생겼다. 크진 않았지만 다부졌다. 꼬질꼬질한 강아지 때와 달리 영리하고 예쁘게 생긴 진돗개였다. 몸집이 작아도 싸움에서 밀리지 않았다. 쓸데없이 짖지도 않고 마당에 외부인이 들어올 때만 사나웠다. 나나 엄마가 외출했다 돌아오면 앞으로 걷지 못할 정도로 맴돌며 애교를 부렸다. 털이 누래 누렁이라 불렀다.

누렁이는 성체가 된 뒤로 일 년에 두 번씩 새끼를 낳았다. 어디서 어떤 놈을 만났는지 모를 때가 많았다. 가끔은 우리 동네에 있는 개와 꼬리가 붙었다. 개에 대한 상식이 없던 나는 마음에 들지 않는 개와 붙어 있으면 떨어지라고 돌멩이를 던졌다. 품종이 좋은 개를 만나 좋은 새끼를 낳길 바랐지만 주인 마음대로 되지 않았다. 하지만 낳는 강아지마다 다 건강하고 토실토실해 집에 오는 사람들이 저마다 점찍어 놓고 젖 떼는 날을 기다렸다. 몇 번 때를 놓친 앞집 아줌마가 다음에 낳는 새끼 중 가장 튼실한 암컷을 데려가겠다며 돈을 미리 냈다. 앞집에도 새끼를 낳는 어미 개가 있었지만, 누렁이 새끼를 종자 개로 데려가겠다는 것이었다. 맛집처럼 누렁이 새끼를 기다리는 사람들을 보면 흐뭇했다. 대여섯 마리씩 새끼를 낳던 누렁이가 그해엔 세 마리만 낳았다. 그래서인지 보통 때보다 훨씬 튼실했다. 그중에서도 흰 강아지는 다른 강아지보다 몸집이 두 배나 컸다. 보는 사람마다 흰 강아지를 탐내자 젖을 떼기도 전에 앞집 아줌마가 데려갔다.

 새끼를 잃은 누렁이는 한동안 새끼 냄새를 맡으며 낑낑거렸다. 젖은 부풀어 올랐다. 그래도 어느 날부턴가 기운이 넘쳐 보였다. 그런데 살은 오르지 않고 오히려 더 야위어 갔다. 이상하게 생각한 엄마와 내가 밥을 먹고 대문을 나서는 누렁이를 따라가 봤다. 앞집으로 가서 흰둥이에게 먹은 걸 게워 주고 있는 게 아닌가. 흰둥이는 지 밥그릇에 있는 건 먹지도 않고 누렁이가 게워 주는 것만 받아먹었다. 그리곤 젖도 빨아 먹었다. 우리는 저 바보 같은 게 건강해지라고 잘 먹였더니 이러느라 말라 갔다며 누렁이를 쫓았다. 앞집 아줌마에게 말해 흰둥이는 끈으로 묶어 놓고 우리는 틈 없이 대문 단속을 했다. 그럼에도 누렁이는 사람이 오가는 틈에 도망쳐 앞집 담벼락에 먹은 걸 게워 줬다. 누렁이는 계속 말라 가고 우리 속은 타들어 갔다. 앞집 흰둥이는 사 개월쯤 되니 어미보다 더 큰 성체가 됐다.

누렁이 이야기가 여기서 끝났다면 어땠을까. 앞집에 사는 흰둥이와 같이 백사장을 뛰놀며 일 년에 두 번씩 새끼를 낳으면서… 그렇게 살다 늙어서 죽었다면….

누렁이 2

그해 누렁이는 예상보다 일찍 새끼 다섯 마리를 낳았다. 기뻐할 줄 알았던 엄마 표정이 좋지 않았다. 어쩌자고 나도 없을 건데 새끼를 낳았냐며 누렁이를 쓰다듬는 엄마 모습을 보며 슬픈 예감이 들었다. 그동안의 집 분위기로 봐서 무슨 일이 꼭 일어날 것만 같았다. 그 일은 내게 힘겨운 일일 수밖에 없었다.

3월 8일 국제 부녀절[11] 아침이었다. 마당엔 싸락눈이 소금

---

11) 국제 여성의 날. 북한에선 국제 부녀절이며 공휴일이다.

처럼 흩뿌려져 있었다. 고향에선 부녀절도 하나의 명절로 남편이 아내에게 밥을 해 주거나 선물을 준다. 남들은 그러거나 말거나 아빠는 일찍부터 술 마시러 나갔다. 나는 아침을 먹자마자 누렁이 새끼를 보러 창고로 달려갔다. 누렁이 집은 창고 안 한쪽 귀퉁이를 판자로 막고 바깥쪽으로 문을 내어 창고 안에 개집이 들어 있는 격이었다. 지붕을 따로 만들지 않아 누렁이가 강아지들과 누워 있는 모습을 바로 내려다볼 수 있었다.

손을 뻗어 강아지를 만져 봤다. 따뜻하고 꿈틀거려야 할 강아지들이 유리처럼 차갑고 딱딱했다. 손끝에서부터 등까지 차가운 기운이 쫙 뻗쳤다. 다섯 마리 다 어미 몸에 깔려 죽어 납작하게 굳어 있었다. 다른 개들은 종종 새끼를 깔아 죽이는 일이 있었지만 누렁이는 그런 적이 거의 없었다. 나는 누렁이가 밉고 화가 났다. 죽은 강아지를 다 모으니 두 손바닥 위에 소복이 쌓였다. 누렁이는 새끼가 죽은 걸 아는지 모르는지 꼬리를 흔들며 내 다리를 감쌌다. 엄마가 불쑥 혼잣말을 했다.

"걱정했는데 차라리 잘됐다. 짐 하나 덜었네."

그 말을 듣는 순간 안개 같던 슬픈 예감이 선명한 형체를 드러냈다. 나는 엄마가 집을 나갈 거라는 걸 알아챘다.

엄마가 화장하고 옷을 입었다. 내게 몇천 원을 주며 동생

약이 떨어지면 장마당에 가서 먹이던 약을 사 먹이라 했다. 어려운 상황이 생기면 앞 동네 J 아저씨에게 도움을 청하고 저녁엔 누렁이 뜨물에 국수를 한 줌 넣어 주라 했다. 그리곤 출입문을 활짝 열어 소금 한 줌을 마당에 뿌렸다. 엄마는 눈으로 새하얀 마당에 발자국을 남기고 집을 나섰다.

그 뒤로 우리 집은 침몰하는 배와 같았다. 아빠는 엄마가 사라지고 이삼일 지나서야 온전히 술에서 깼다. 겁이 난 아빠가 배를 얻어 타고 바다에 나가기 시작했다. 예전처럼 고기가 잡히지도 않을뿐더러 그물 값은 천정부지로 올라 있었다. 신용이 바닥인 아빠에게 아무도 돈을 빌려주지 않았다. 황급히 돌아다니며 친구들에게서 강냉이나 국수를 얻어 와 하루 이틀 생계를 이어 갔다.

아빠 한숨이 길어졌다. 집엔 힘없는 아빠만 바라보는 나와 세 살짜리 동생 그리고 누렁이가 있었다. 그동안 가정을 위해 열심히 살기보다 술에 취하기만 했던 아빠는 어쩔 줄 몰라 했다. 점점 먹을 건 떨어지고 땔감이 없어 집은 냉돌 바닥이었다. 가벼운 감기에 걸렸던 동생은 갈수록 누런 콧물을 흘리며 심한 기침을 해댔다.

아빠는 도움 받을 만한 곳을 찾아다니다 집에 돌아와선 자전거, 누렁이, 집을 다 팔자 했다. 몇 달 잘 먹고 잘 살다 죽자면서. 나와 동생에게 어디로 사라져 달라 부탁하기도, 함께 죽자고도 했다. 아빠의 말들은 거대한 태풍처럼 나를 흔들었다. 열네 살이던 나는 있는 힘껏 버티는 것 말고는 할 수 있는 게 없었다. 살기 위해 아빠를 어르고 달랬다.

어느 날 밤, 얼마 전 우리 동네로 이사 온 아줌마가 자전거를 가지러 왔다. 내가 당황스러워하자 아빠가 자전거를 팔았다는 것이었다. 자전거가 없으면 장마당에 다니기 힘들었다. 자전거가 있어야 장사를 하든 뭐라도 할 수 있었다. 나는 한숨이 나오는 우리 집 사정을 이야기하곤 자전거를 돌려받았다. 아빠가 어디서 벌어 온 것처럼 내게 줬던 돈을 돌려줬다. 이미 써 버린 술값은 빚으로 남았다.

내 앞에 놓인 하루가 일 년 같았다. 삼 주쯤 지났을까, 동생을 자전거에 태우고 장마당에 약을 사러 다녀왔다. 마당에 들어선 순간 싸한 느낌이 들었다. 울타리에 붉은 피가 가득 묻어 있었다. 심장이 덜컹했다. 황급히 동생을 안고 누렁이를 찾았다. 내가 집에 오기 바쁘게 달려와 꼬리를 흔들던 누렁이가 소리쳐 찾아도 보이지 않았다. 누렁이를 찾는 나를 본 옆집 할머니가 한 시간 전에 개장수가 와서 가져갔다 했다. 아빠가 뜨물을 주는 척 누렁이를 유도해 목에 올가미를 걸고 울타리에 태를 쳐 죽였다고.

기둥이 하나 뽑힌 기분이었다. 누렁이는 나와 동생을 죽음으로 끌고 가는 아빠 앞에 남은 방패 같은 존재였다. 앞으로 다 같이 죽자는 말을 어떻게 이겨 내야 할지 막막했다. 나는 누렁이 피가 묻은 자리에 주저앉아 아빠라는 사람을 향해 욕을 퍼부었다. 정말이지 내겐 아빠보다 누렁이가 더 필요했다. 누렁이를 매일 같이 팔자고 노래 부른 걸 알면서도 지켜주지 못한 내가 원망스러웠다.

그날 저녁 술에 취해 집에 들어온 아빠가 누렁이가 야위어서 이만 오천 원밖에 못 받았다며 돈을 내놨다. 누렁이 목숨 값인 그 돈은 쓰고 싶지 않았다. 당장 아무것도 나올 구멍이 없는 현실에서 내 마음처럼 되진 않았다. 누렁이 목숨 값으로 하루하루 괴로운 수명을 연장했다.

길거리에 옷을 입고, 유모차를 타고 다니는 개를 보면 세상 참 좋아졌다 싶다. 다양한 간식과 사람 품에 안겨 세상 부러울 것 없는 개들을 보면 누렁이가 아프게 생각난다. 오래전 일이지만 누렁이를 지켜주지 못한 미안함이 그대로 남아 있다. 아빠가 하지 않았다면 끝내는 절망 끝에서 내 손으로 누렁이를 개장수에게 넘겼을지도 모른다는 서글픈 마음도.

기러기와 바꾼 날들

 한동안 출근길에 노들섬에서 버스를 갈아타야 했다. 그날도 정류장에 내려 버스를 기다리는데 어둠에 잠긴 새벽하늘 위로 기러기 떼가 모여들기 시작했다. 한강 근처에서 밤을 보내고 다시 길을 떠나는 것 같았다. 꼭 싸움에 나선 용사들처럼 줄을 지어 태양이 꿈틀대는 쪽으로 향했다. 기러기가 지나간 하늘엔 비행운 같은 울음만 길게 남았다. 주먹을 꼭 쥔 손안에 그날의 기러기 온기가 느껴졌다.

 엄마는 마당에 쌓인 싸락눈을 밟고 집을 나간 뒤 돌아오지 않았다. 엄마가 사라지고 일주일 만에 먹을 식량과 땔감이 떨어졌다. 절망 앞에 아슬아슬하게 서 있는 우리 앞으로 남쪽에서 겨울을 보낸 기러기들이 날아왔다. 해마다 그랬듯 논밭에 내려앉아 쉬는 기러기를 반기는 사람이 있었는데 바로 '싸이나꾼'이었다. 싸이나꾼들은 봄, 가을마다 '싸이나'라는 독성 물질에 재워 놓은 벼를 논밭에 뿌린 뒤 독이 다 퍼질 때쯤 가서 날지 못하는 기러기를 잡았다. 벼를 적게 먹거나 독이 퍼지기 전에 길을 떠난 기러기는 날아가다 강이나 논밭, 바다에 떨어졌다. 그맘때면 마을 사람들은 죽은 새를 주우려 해변을 자주 들락거렸다.

나도 틈만 나면 바다와 논밭을 돌아다녔다. 하루는 바다에서 메추리만 한 새를 주웠다. 작아서 팔 수도 없고 버리기도 아까워 집에 가져갔더니 빈손으로 돌아와 허탈해하던 아빠가 말도 없이 새털을 뽑기 시작했다. 손질한 새의 위장은 모두 집 앞 텃밭에 묻었다. 그때 잡은 새의 내장은 다른 동물이 먹지 못하게 땅에 묻어야 했다. 나는 손질된 새를 토막 내곤 소금 간을 한 뒤 끓였다. 닭고기와 맛이 비슷했다.

다음 날도 바다와 논밭을 돌았는데 바다는 허탕이었다. 논둑을 따라 걷다 검은색에 가까운 깃털을 봤다. 가까이 가 보니 밭갈이한 흙에 몸을 쑤셔 넣고 쓰러진 기러기가 있었다. 나는 생각할 틈도 없이 차갑게 굳은 기러기 날개를 움켜잡고 도둑처럼 집으로 뛰었다. 싸이나꾼이 친 약을 먹고 죽었으니 내놓으라 할 수도 있었다.

집에 오자마자 저울에 달아 무게를 확인한 다음 기러기를 살 만한 집을 찾아다녔다. 독이 퍼져 부패하기 전에, 또 해가 지기 전에 빨리 팔아야 했다. 장마당이라면 이천 원은 받을 수 있었는데 천오백 원이면 사겠다는 사람에게 아쉬운 대로 팔았다. 다음 날 그 돈으로 강냉이국수 3킬로를 샀다. 세 식구가 삼 일은 살 수 있는 식량이었다.

며칠 뒤, 논밭에서 혼자 있는 기러기를 봤다. 기러기는 보통 무리 지어 다니기 때문에 혼자 앉아 있는 기러기는 약을 먹었을 확률이 높았다. 가까이 가니 놀란 기러기가 날 밀어내듯 날개를 푸드득거렸다. 몇 번의 헛날갯짓을 하다 몇 미터쯤 날아가서 돌에 맞은 것처럼 비틀거리며 내려앉았다. 하늘엔 일행을 찾아 울어대는 기러기들로 시끄러웠다.

나는 차마 죽이지는 못하고 빨리 죽어 주길 기다렸다. 기다려도 죽지 않자 버둥거리는 기러기를 향해 돌진했다. 당장 날

듯이, 물기라도 할 듯이 부리로 쪼고 발톱을 세웠다. 성난 기러기의 몸부림이 무서웠다. 나무 꼬챙이를 찾아 위협을 해 봤지만 기러기의 기세가 더 셌다. 마지막 힘을 쏟아 내는 기러기를 이길 수 없었다. 나는 한참을 기다려 기력이 빠진 목을 움켜잡고 집으로 향했다. 손에 느껴지는 온기와 가끔 세우는 발톱 끝에서 남아 있는 생기를 느꼈다.

또래 친구들이 학교에서 돌아오는 시간에 나는 기러기 가격을 흥정하러 다녔다. 크기가 컸던 기러기를 앞 동네 성격 좋은 아줌마가 후한 가격에 사 줬다. 그 덕에 일주일을 더 살 수 있었다. 그 뒤로도 운 좋게 오리, 기러기를 몇 번 더 주웠다. 밤이 늦도록 팔지 못한 날엔 끓여 먹었다. 먼 길 날아온 기러기 맛은 푸석하고 질겼다.

그해 봄, 언덕엔 죽어 가는 기러기와 살고자 하는 내가 있었다. 낮과 밤처럼 삶과 죽음이 등을 맞대고 있었다. 기러기 울음이 들리면 지금쯤 고향에선 누군가의 목숨이 기러기 몸값에 저울질되겠구나 생각한다. 살려고 먼 길 가야 하는 철새도, 철새를 잡아야 먹고사는 사람도 그 땅의 모든 생명이 애처롭다. 나는 기러기 울음을 들을 때마다 두 손을 꼭 쥔다.

가장 추운 달, 삼월

　우리 집 온돌이 그동안 따뜻했던 건 엄마가 외할머니 집 창고에서 땔감을 가져왔기 때문이었다. 외할머니 집 바로 뒤에 석탄 굴이 있어 십여 년 전부터 외할아버지 외할머니는 틈만 나면 석탄을 줍거나 싸게 사서 창고에 챙겨 놨다. 그 까닭에 외할머니 집 창고엔 덤프트럭을 채울 만큼의 석탄이 꽉 차 있었다. 엄마는 땔감이 떨어질 때마다 외할머니 집으로 달려갔다. 외할머니가 장난처럼 우리 식구를 도둑이라 했다. 맞는 말이었다.

　그런 엄마가 사라지고 나니 땔감이 제일 먼저 바닥났다. 아빠와 나는 외할머니 집에 가서 석탄을 얻어 올 수 없었다. 있는 것들을 최대한 절약하기로 했다. 아침저녁 국수만 데쳐 낼 만큼 불을 땠다. 봄이라기엔 너무 추운 삼월, 우리 집은 겨울이었다. 집이 춥다 보니 감기를 달고 살던 동생은 점점 덧났다. 장마당에서 500과 480이라는 숫자가 적힌 중국 감기약을 사다 먹였지만 효과가 없었다.

　쥐어짤 힘도 없는 아빠는 다 같이 죽자는 말을 자주 했다. 하루에도 몇 번씩 동생을 입양 보내자거나 내게 사라져 달라 했다. 술김에 하는 진심이었다. 나는 그 말을 들을 때마다 벼랑 끝에 서 있는 기분이 들었다. 아빠가 쏟아 내는 좌절을 귓등으로 들으며 간신히 버텼다. 동생 건강이 나빠져 가는데 내가 할 수 있는 게 없었다. 처음엔 가벼운 감기였지만 점점 심해져 한 번 시작되면 십 분을 넘게 기침했다. 가슴에 뭔가 꽉 찬 것처럼 골골거리다 누런 콧물이 쉴 새 없이 흘렀다. 위태롭게 버티고 있는 우리 앞에 J 아저씨가 있었다.

　J 아저씨는 우리 동네에서 가장 부유했다. 우리보다 몇 년 늦게 우리 동네로 이사 왔는데 아빠와 동갑내기라 친구가 됐다. 가깝게 지내며 아빠를 하루라도 바다에 데리고 나가 일을

시키려 애썼다. 바다에 나가 일만 해도 일당을 받을 수 있었다. 다른 사람들보다 좋은 조건으로 배에 태워 줬음에도 아빠는 바다에 나가는 날보다 술에 취한 날이 더 많았다. 아저씨는 배가 나갈 때면 선생님이 학생 잡으러 오듯 우리 집으로 왔다. 아이 어르듯 하는 것도 하루 이틀이었다. 아저씨는 이내 지쳐 포기했다. 그래도 여전히 가깝게 지냈다.

  집에 먹을 게 떨어지는 날이면 엄마와 나는 쌀을 꾸러 다녔다. 엄마는 한집에만 갈 수 없어 몇몇 집을 돌아가며 부탁했다. 하루는 엄마가 여기저기 맞아서 멍이 들고 피가 났다. 자주 있는 일이었다. 그런 상황에서도 먹고 살아야 했다. 나는 엄마가 시키는 대로 쌀 주머니를 들고 J 아저씨 집으로 갔다. 길에서 얼큰하게 술에 취한 J 아저씨를 만났다. 어디 가냐 물었다. 아줌마한테 쌀 꾸러 간다 했더니 풀썩 주저앉아 내 두 팔을 잡고 나를 올려다봤다. 너희 아빠는 왜 그러고 사냐며 바라보던 눈빛에 수치스러워 온몸에 전기가 흐르는 듯했다. 나도 묻고 싶었다. 왜 우리 집만, 왜 우리 아빠만 저런 사람인지. 왜 나는 이런 집에서 태어났는지.

  동생이 태어나고 닷새 되는 날 밤, J 아저씨, 아줌마가 참을 수 없다며 집으로 달려왔다. 우리 마을에선 아이를 낳으면 일주일은 지나야 오고 가고 했다. 그 후로 아줌마는 동생을 보러 종종 왔다. 고통스러운 출산 과정 없이 하늘에서 뚝 동생처럼 귀여운 딸이 떨어지면 좋겠다고 노랠 불렀다.

 J 아저씨는 동생 재롱을 보기 위해 하루에도 몇 번씩 우리 집에 왔다. 아저씨는 올 때마다 품 안에 간식을 넣어 왔다. 동생은 아저씨만 보면 간식을 먹기 위해 토끼처럼 방방 뛰며 반겼다. 어른들이 시키는 재롱을 다 부린 동생은 자연스레 J 아저씨 품에서 간식을 꺼내 먹었다. 가끔 J 아저씨 옷 주머니에 간식이 없으면 당황한 표정을 짓곤 했다. 동생이 말을 막 시작했을 때 J 아저씨가 자기를 아빠라 알려 주곤 그렇게 부르면 배를 끌어안고 웃었다. 어린 동생이 엄마도 나도 없이 J 아저씨를 따라가선 놀다 오는 날도 있었다. 아저씨는 동생을 데려다 키우고 싶다는 말을 진담 반 농담 반으로 했다. 엄마가 사라지고 침몰하는 배처럼 우리 집이 위태로워지자 그 마음은 진심으로 기울었다.

 하루는 J 아저씨가 우리 집에 왔다. 썰렁한 공기를 느끼곤 손으로 바닥을 만져 봤다. 방이 차다며 나와 아빠에게 밥은 먹었냐고 물었다. 평소와 달리 아저씨가 반갑지 않았다. 아빠가 누렁이와 자전거에 이어 이번엔 무슨 사고를 칠지 몰랐다. 나는 장난감을 뺏기지 않으려는 아이처럼 아저씨를 봤다. 아저씨가 아빠에게 엄마 소식은 없는지 묻고는 내게 술과 동생 간식을 사 오라고 오백 원을 주고 동생을 품에 안았다.

술을 사 와 김치와 술잔을 상도 없이 방바닥에 내놨다. 아빠가 동생을 입양 보내자고 할 땐 귓등으로 들었는데 아저씨가 우리 집에 앉아 있으니 겁이 났다. 나는 부엌에 옹그리고 앉았다. 안개가 짙게 깔린 것처럼 공기가 무거웠다. 아빠가 소주병을 들어 250밀리 잔 두 개를 채우고 빈 술병을 내려놨다. 아저씨는 평소처럼 헛기침으로 한껏 뜸을 들이며 입을 열었다.

"크흠 폐렴이 심하네… 우리 집에 며칠 데리고 가서 감기를 떨구는 게 어떻겠소? 여긴 너무 추워서… 크흠."

"다시 데려올 게 뭐 있소. 애도 잘 따르고 그냥 데려다 키우오. 아 언제부터 데려가고 싶어 했잖소."

아빠가 증인을 부르듯 나를 불렀다. 나는 그동안 하도 심장이 철렁거릴 일이 많아서인지, 예감하고 있어서인지 덤덤했다. 다만 저당 증세가 온 것처럼 온몸이 떨려 말을 못할 뿐이었다.

"너도 들었지? 이따 와서 데려가게 짐 싸 놔라."

나는 안 된다는 말을 할 수 없었다. 그건 내 욕심이었다. J 아저씨가 동생을 이 상태로 두면 죽을지도 모른다는 말을 덧붙였다. 맞는 말이었다. 냉돌 바닥에서 동생이 얼마나 더 버틸지 몰랐다. J 아저씨가 동생에게 아저씨랑 같이 살자고 하니 동생이 냉큼 좋다 했다. J 아저씨가 몇 번 고갤 끄덕이며 헛기침을 하더니 이따 데리러 오겠다 말하곤 일어났다. 아빠는 아저씨 잔에 그대로 남아 있던 술을 한입에 마시고 밖으로 나갔다.

나는 생각할 것도 없이 이 상황을 받아들여야 했다. J 아저씨 집에 동생을 보내면 잘 먹고, 잘 입고, 따뜻한 방에서 잠을 잘 것이었다. 나는 애써 지금은 상황이 좋지 않으니 날씨가 따뜻해지면 다시 데려오리라 생각했다. 가끔 동생을 보러 갈 구실로 여름옷은 빼고 보자기에 쌌다. 아픈 동생을 생각하면 다행이다 싶으면서도 이제 이 집이 무너지는 건 시간문제라는 생각이 들었다. 누렁이나 동생은 내가 아빠와 싸울 수 있는 창이자 방패였다. 내 힘으로 어쩌지 못하는 상황이 마치 사슬에 묶인 채 물속에 던져지는 것 같았다.

오후 다섯 시쯤 동생을 데리러 아줌마가 왔다. 정장 차림이었다. 다른 세상에서 온 듯한, 나는 쳐다볼 수 없는 위압감을 주는 향수 냄새가 방 안에 쫙 퍼졌다. 한껏 꾸민 아줌마 표정은 평소와 달리 차가웠다. 아줌마가 그동안 많이 컸다며 안아보자고 팔을 뻗었다. 동생이 우물쭈물하더니 잠깐 안겼다가 내 품으로 다시 왔다.

"세 살이면 이미 기억이 생겨서 한동안은 언니를 찾겠지만 동생 앞날을 위해 얼굴을 보이지 않는 게 좋을 것 같다. 너도 이제 다 컸으니까 동생을 위해 뭘 해야 할지 알 거다. 보고 싶어도 찾지 말고 길에서 봐도 모르는 척해라."

동생을 잠시 보내는 게 아니라는 사실이 면도날처럼 나를 후볐다. 고개를 푹 숙인 채 차오르는 눈물을 삼켰다. 아무 말도 할 수 없었다.

아줌마가 동생에게 아줌마 집에서 간식을 먹자며 J 아저씨가 기다리고 있다 했다. 동생이 좋다며 일어나 신발을 신었다. 언니도 같이 가자며 뻗는 동생 손을 J 아줌마가 슬며시 잡고 집을 나섰다. 나는 방바닥에 앉은 채 그대로 멍하니 고개를 들어 동생 뒷모습을 봤다. 눈물이 은행처럼 후드득 떨어졌다. 아장아장 걷는 걸음마다 내 속의 핏줄이 끌려가는 것 같았다. 동생이 점점 창문에서 멀어지더니 사라졌다. 내 몸의 세포들이 울음으로 들끓었다. 나와 동생을 이 세상에 만들어 놓은 사람들에게, 저 하늘 너머 어떤 존재에게 저주의 마음이 폭포처럼 쏟아졌다.

  나는 괴물처럼 울었다.

웃어도 될까

H 삼촌이 작별 인사를 하러 찾아왔다. 며칠 전에 했던 말의 매듭을 지으려는 속내도 있었다.

H 삼촌은 오래전부터 친분이 두터웠던 보위원 삼촌의 동생이었다. 보위원 삼촌은 북한에서 보기 드문 체격의 소유자였다. 잘생기고 성격도 좋고 풍채가 있어 고위급 간부 같아 보였다. 보통 사람들과 달리 손바닥이 고양이 발처럼 말랑말랑했다. 나는 보위원 삼촌이 집에 놀러 오면 삼촌 손을 만지작거렸다. 푹신한 촉감이 마치 장난감 같았다. 자연스레 곰발 삼촌이라 불렀다.

곰발 삼촌은 늘 몸에 권총을 차고 다녔다. 어깨와 허리에 두른 가죽 케이스에 권총이 들어 있었다. 우리 집에서 자고 가는 날이면 머리맡에 케이스에 든 권총을 꺼내 놨다. 엄마 아빠도 총을 궁금해하긴 나와 마찬가지였다. 삼촌이 가끔 철컹철컹 총알을 뺐다 끼며 총을 구경시켜 줬다. 처음 총을 잡아 본 날, 생각보다 무거워서 금방 놔 버렸다.

 곰발 삼촌이 다른 곳으로 발령 받은 뒤론 가끔씩 만났다. 동생인 H 삼촌은 곰발 삼촌을 통해 자연스레 알게 됐다. 자주 만나진 않았지만 왠지 모를 친밀함이 있었다.

 H 삼촌이 엄마가 탈북했다는 소문을 듣고 찾아왔다. H 삼촌 아내가 몇 년째 임신이 되지 않아 입양을 진지하게 생각하고 있었다. 마침 우리 집 상황을 듣고 동생을 데려가고 싶다 했다. 내가 안 된다 하자 그럼 둘 다 데려가겠다 했다. 아빠는 취해서 다 데려가면 고맙다며 헛소리를 했다. 나는 밖으로 나와 조용히 싫다 말했다. 삼촌은 며칠 뒤에 올 테니 좀 더 생각해 보라 하곤 떠났다.

 H 삼촌이 다시 왔을 땐 동생을 J 아저씨 집에 보냈을 때였다. 동생을 다른 집에 보냈다 하니 많이 아쉬워했다. 아내에게

친구가 될 수 있는 나여도 좋다 했다. 곧 처가가 있는 개성으로 간다며 거기선 밥도 주고 돈도 꼬박꼬박 준다면서. 주정뱅이 아빠 옆에 혼자 있지 말고 삼촌네랑 같이 가자고 부추겼다.

　나는 남의 집에서 눈치 보며 살고 싶지 않았다. 내 눈에 H 삼촌은 어질고 착한 사람이었지만 그래도 남이었다. 무엇보다 엄마가 탈북에 성공하면 바닷가 집으로 소식을 보낼 거였다. 나는 죽어도 바닷가 집에 있어야만 했다. H 삼촌에게 내 집이 있는데 어딜 가겠냐 했다. 언제든 마음이 바뀌면 소식을 전하라는 삼촌에게 인사했다.

　동생을 J 아저씨 집에 보낸 지 사흘째였다. 나는 옆집 S 언니 집에서 티브이를 보고 있었다. 대문이 쾅 열리고 동생을 찾는 다급한 목소리가 들렸다. J 아줌마 목소리였다. 깜짝 놀라 집으로 달려갔다. 아줌마 집에 동생을 보냈는데 아줌마가 동생을 찾는 상황이라니. 문제가 생긴 게 틀림없었다. 표정을 보니 J 아줌마가 나보다 더 당황한 것 같았다. 무슨 일인지 물으니 아주 잠깐 문을 열어 줬는데 사라졌다는 거다. 우린 각자 찾아 보자며 나섰다.

　나는 누군가 납치했을 수도 있다는 생각과, 다시 못 볼 수도 있다는 공포에 정신이 어질해졌다. 미친 사람처럼 동생 이름을 부르며 동네를 뛰어다녔다. 평소라면 조무래기들이 골목에서 놀고 있을 텐데 아무도 보이지 않았다. 해변에도 가 봤지만 사람이라곤 보이지 않았다. 고작 몇십 채가 전부인 마을에서 더 찾아 볼 데도 없었다. 하늘로 솟은 건지 땅으로 꺼진 건지 암담했다. 더 갈 곳이 없어 집 쪽으로 걸음을 옮겼다.

대문 앞 공터에 서 있던 앞집 막내 K가 나를 보곤 자기 집에 동생이 와 있다 했다. 동생보다 몇 살 많은 K가 나보다 먼저 뛰어가 출입문을 열었다. 동생은 종알종알 도망쳐 나온 영웅담을 K네 식구들 앞에서 풀고 있었다. 나를 보자마자 언니야 하며 달려와 안겼다. 왜 자기를 데리러 오지 않았냐면서 울먹였다. K 엄마가 혀를 끌끌 차며 동생이 어떻게 도망쳤는지 들어 보라 했다.

"내가 큰엄마(J 아줌마) 쉬하겠슴다 하니까 큰엄마가 그럼 멀리 가지 말고 요 앞에서 쉬해라며 문을 열어 줬는데 내가 쉬하는 척하다 막막 뛰었지! 근데 백곰이랑 검정이가 따라오길래 밀치고 도망쳤지! 근데 근데 집에 왔는데, 언니가 없어서 언니야 하고 찾는데 오빠가 언니 올 때까지 오빠 집에 있자 했어."

옹알옹알 말하더니 동생의 숨이 가빠졌다. 나는 어쩔 줄 모르고 동생을 꼭 안았다. 작은 몸이 내 몸에 폭 들어와 안겼다. 한편으론 J 아줌마가 한 말이 떠올라 마음이 편치 않았다. 동생을 안아 주는 게 꼭 죄를 짓는 것 같았다. 동생은 기침도 줄고 콧물도 거의 나지 않았다. 어느새 옆집 S 언니도 K 집에 와선 동생 재롱을 구경했다.

J 아저씨 집에 있는 백곰이와 검정이는 덩치가 크고 사나워서 두꺼운 쇠사슬로 묶여 있었다. 그런 개 두 마리 사이를 뚫고 동생이 뛰어 나왔다니 얼마나 놀라운 일이었는지 몰랐다. K 엄마가 동생이 물렸으면 죽었을 거라면서 개들 눈에도 작고 귀여웠나 보다며 혀를 찼다.

K 엄마가 얼른 J 아줌마한테 가서 동생을 찾았다 알리라 했다. 나는 J 아줌마가 얄미워 알리고 싶지 않았다. 복잡한 마음으로 동생을 K 집에 두고 J 아줌마 집으로 갔다. 대문 앞에 서기도 전에 말 같은 개 두 마리가 달려왔다. 대문 안쪽에서 침이 고인 커다란 입들이 물어뜯을 듯이 짖어댔다. 개가 움직일 때마다 쇠사슬이 먼지를 일으키며 땅에 끌렸다. 저 주둥이에 동생이 물렸으면 뼈도 추리지 못했겠다 싶었다.

나는 바깥 대문 앞에서 안쪽에 있는 또 다른 대문을 바라봤다. 어떤 거대한 벽 앞에 서 있는 기분이었다. 인터폰으로 동생을 찾았다 알리고 얼른 돌아섰다.

동생은 순회공연을 온 사람처럼 그 사이 S 언니 집으로 옮겨갔다. 엉덩이를 삐뚤거리며 도망치는 시늉을 했다. 나는 J 아줌마가 올 때쯤 동생을 데리고 우리 집으로 건너갔다. 언제 들어왔는지 아빠가 아랫목에 누워 있었다. 동생을 보곤 눈을 크게 뜨고 놀라 왔냐 물었다. 동생은 도망쳐 온 이야길 또 했다. 아빠가 길은 어떻게 기억하고 도망쳤냐며 동생을 토닥였다. 나는 아빠 손길이 동생에게 닿을 때마다 증오를 느꼈다.

"보내지 말까? 이렇게 귀엽고 똑똑한데 어떻게 보내지."

아빠가 수염을 동생 볼에 비비며 말했다. 나는 동생이 며칠 사이 J 아저씨 집에서 감기가 호전된 걸 보며 생각이 많아졌다. 우리 집에 하루만 있어도 폐렴이 덧날 게 훤했다. 아빠는 술김에 우리끼리 오순도순 살자는 말을 하곤 집을 나갔다. 동생을 보낼 때처럼 무책임했다. 이야깃거리가 생겼으니 안주 삼아 술을 마시러 나가는 것 같았다.

J 아줌마가 왔다. 동생이 큰엄마다! 하며 반갑게 맞더니 이내 내 품으로 숨었다. J 아줌마는 남의 자식 잃어버린 줄 알고

얼마나 놀랬는지 모른다며 가슴을 쓸었다. 아줌마 집에 가서 냉장고에 있는 맘마를 먹자며 손을 내밀었다. 동생이 내 손을 잡고 같이 가자 했다. 언니는 말고 아줌마랑 둘만 가자 하니 고갤 도리도리했다. 동생이 내 품에 깊게 달려들었다. 아줌마가 씁쓸하게 우리를 바라봤다. 오묘한 얼굴이었다. 우리 집에 오기 전에 많은 생각을 하고 온 듯했다.

아줌마가 시름을 턴 사람처럼 일어났다. 괜히 생이별시켜 원망 살 일 있냐며 저녁에 동생 짐을 가지러 오라 했다. 생각지도 못한 아줌마 말에 가슴이 철렁 내려앉았다. 부담감에서 벗어나 지낸 며칠 동안 적응해 버린 것이었다. 눈앞에 거대한 파도가 밀려오는 것 같았다. 그날 저녁 우리 세 식구는 J 아저씨 집에서 밥을 먹었다. 흰 쌀밥에 콩기름을 듬뿍 넣어 만든 김치볶음밥이었다. 내가 먹은 김치볶음밥 중 가장 맛있었다. 밥을 삼킬 때마다 걱정은 현실로 다가왔다.

동생은 어른들보다 밥을 더 많이 먹었다. 배가 부르니 내 손을 잡고 J 아저씨 집을 휘젓고 다녔다. 냉장고에서 간식을 꺼내 주며 내게 먹으라 했다. 두고 갈까 봐 걱정됐는지 내 손을 놓지 않았다. 내가 슬쩍 손을 빼려면 기어코 내 옷자락이라도 잡았다. J 아줌마는 아무리 잘해 줘 봤자 지 언니밖에 모른다며 입을 삐죽거렸다. J 아저씨가 언니 따라가면 맛있는 간식도 못 먹는데 그래도 가겠냐 물었다. 동생이 간식을 보며 고민하더니 언니랑 내일 또 와서 먹겠다며 손에 든 간식을 내려놨다. 모두 씁쓸하고 빈 웃음을 지었다.

나는 동생을 데리고 희망도 온기도 없는 집으로 돌아왔다. 추운 방바닥에 이불을 깔고 동생과 누웠다. 동생의 작고 말랑한 손을 잡고 눈을 감았다. 시간이 그대로 멈췄으면, 세상이 이대로 사라졌으면 하고 간절히 바랐다.

붉은 석양 속에서

3·8절 날 엄마가 집을 나가고 얼마 되지도 않아 온갖 추문이 여름 숲처럼 무성해졌다. 동네 사람들과 장사꾼들은 무능력한 아빠가 어린 두 딸을 데리고 얼마나 버틸 수 있을지 지켜봤다. 거리에 나가면 나를 불러 세우곤 엄마 소식이 없는지 어떻게 먹고사는지 묻는 사람들이 있었다. 나는 같은 질문을 하도 많이 받아 그럭저럭 산다 했다. 사람들은 감정이 실리지 않은 짧은 내 대답이 마음에 들지 않는 것 같았다. 엄마가 돌아왔으면 좋겠는지, 영영 돌아오지 않으면 어쩌냐며 끈질기게 물었다.

나를 불쌍히 여기는 척 우리 집을 감시하는 사람들을 향해 입을 열었다. 우리 집에서 아빠와 살아 보면 도망갈 수밖에 없을 거라고. 엄마가 어디서 혼자 살든 탈북을 하든 신경 쓰지 않는다고. 돌아오지 않으면 더 좋겠다고.

　나는 사람들이 걱정하는 것과 달리 엄마나 어린 동생 때문에 속상하지 않았다. 엄마가 중국이나 한국에 간다면 브로커를 보낼 것이었고, 동생을 돌보는 일은 동생이 태어났을 때부터 해 오던 거라 익숙했다. 다만 엄마가 소식을 보낼 때까지 아빠를 어르고 달래 바닷가 집에서 살아야 하는 게 힘겨울 뿐이었다.

　엄마가 중국 어디에서 어떤 남자와 함께 있다 잡혔다는 소문이 돌아도 믿지 않았다. 어느 날, 분주원[12]이 찾아와 아빠에게 엄마가 중국 어느 여관에서 잡혀 회령으로 북송되는 중이다 말했다. 옆에서 가만히 듣고 있다 가슴이 내려앉았다. 엄마가 받을 처벌과 앞으로 닥칠 어려움을 생각하니 눈앞이 캄캄했다. 한편으론 다시 엄마를 볼 수 있다는 반가운 마음도 들었다.

---

12) 경찰.

엄마는 경성으로 이송된 뒤 보위부 구치소에 한동안 갇혀 있었다. 아빠는 엄마가 잡혀 오자 기뻐하는 기색이었다. 엄마가 갇힌 곳은 외할머니 집에서 백 미터도 떨어지지 않은 곳이었다. 외할머니 집에 동생을 데리고 갈 때마다 지나가는 콘크리트 담 너머에 있는 엄마를 생각하니 가슴이 저렸다. 소식이 끊겼을 때도 잡혀서 오고 있을 때도 그렇게까지 그립지 않았다. 지척에 있으면서 보지 못하니 미칠 것 같았다. 시간이 빨리 흐르기만을 애타게 기다렸다.

엄마는 재판을 받은 뒤 노동 단련대로 보내졌다. 해가 지는 저녁, 엄마가 속한 단련대 사람들이 경성의 어느 밭에서 일하고 있다는 소식을 들었다. 다음 날까지 기다릴 마음의 여유가 없었다. 급히 자전거에 동생을 태우고 엄마가 있는 곳으로 향했다. 길고 높은 콘크리트 다리를 건너며 단련대 사람들이 일하는 쪽을 유심히 봤다. 강 옆에 펼쳐진 밭에서 힘 빠진 몸들이 질서 없이 어슬렁거렸다.

우리는 자전거에서 내려 다리 옆으로 뻗은 둑길을 걸었다. 우리 모습을 유심히 보던 붉은 점퍼를 입은 여자가 머뭇머뭇 하더니 옆 사람에게 뭐라 말하곤 우리 쪽으로 걸어 왔다. 쌀쌀한 기온과 달리 석양은 펄펄 끓는 붉은빛이었다. 결결이 찢어지는 눈부신 빛 속에서 엄마가 선명히 드러났다. 대지의 찬 기운이 봄 냄새와 모래알처럼 서걱거리는 감정과 엉겨 돌았다.

엄마가 동생 이름을 불렀다. 동생은 엄마를 찾으며 울던 기억을 잊고 웃으며 달려갔다. 엄마가 동생을 품에 안고 울자 동생도 덩달아 울었다. 나는 한 걸음 떨어진 곳에 서서 달려가 안기고 싶은 마음을 억누르며 눈물을 떨궜다. 눈물을 훔치던 엄마가 감기 걸린 애를 저녁에 데려오면 어떡하냐, 옷은 왜 얇게 입혔냐며 화를 냈다. 화내는 엄마 모습을 보니 안기고 싶던 마음이 와장창 깨졌다. 엄마는 집안 상황을 묻고는 해야 할 일을 알려 줬다. 엄마가 도움 받을 수 있는 사람에게 가서 말을 전하는 거였다.

나는 고작 몇 주라는 시간이었지만 열다섯 아이에겐 벅찼던 그동안의 일을 말하고 싶었다. 내 마음 깊은 곳엔 그동안 내가 한 일에 대해 칭찬 받고 싶어 하는 아이가 있었다. 한편으론 엄마가 처한 상황에서 따뜻한 말이 나오겠나 싶기도 했다. 집으로 돌아가는 어두워진 길에서 부풀어 오르는 서러움을 한가득 삼켰다.

엄마가 속한 단련대 사람들은 어느 깊은 산으로 들어가 통

나무 자르는 일을 했다. 단련대는 인력이 필요한 곳이면 언제 어디든 보내져 일해야 했다. 엄마는 그동안 쌓인 병들이 커져 산에 들어가자마자 심하게 앓았다. 증상이 너무 심해 병원으로 보내졌다. 나무를 실은 달구지 위에 나뭇단처럼 얹혀서 갔다. 병원에 항생제가 없어 다시 외갓집에 보내졌다. 갖고 있던 돈을 털어 항생제를 사서 주사를 맞았지만 요재[13]라 아무런 차도가 없었다. 약이 비싸니 페니실린 병에 소금물을 넣어 파는 가짜 약이 장마당에 돌아다녔다.

엄마는 40도가 넘는 고열에 정신을 여러 번 잃었지만 끝내 이겨 내고 정신을 차렸다. 병이 호전되면 다시 단련대로 돌아가야 했다. 엄마가 외갓집에 있는 동안 나는 동생을 데리고 그리로 갔다. 동생이 누런 콧물을 흘리고 폐렴 증상을 보이자 엄마가 동생을 두고 가라 했다. 며칠 뒤 외갓집에 엄마를 만나러 갔던 아빠가 동생을 데려왔다. 엄마가 이혼을 요구하며 다시는 바닷가 집에 돌아가지 않는다고 말해서였다.

동생은 바닷가 집에 오자마자 심하게 덧났다. 바닥은 얼음장이고 약도 없으니 아픈 동생을 계속 둘 수 없었다. 나와 아

---

13) 가짜 약.

빠는 상황이 좋아지면 데려오기로 하고 동생을 다시 외갓집에 데려갔다. 그 뒤로 엄마 아빠가 이혼을 하면서 동생은 쭉 거기서 살았다. 엄마는 돌아왔지만 돌아온 것이 아니었다.

엄마?

엄마가 단련대에 있던 그해 여름, 중국에서 팔 년 정도 살다 잡혀 나온 아줌마가 우리 마을에 나타났다. 아줌마는 먹고 살기 위해 탈북했고, 그 뒤엔 많은 여성들이 그런 것처럼 한족 남자에게 팔려 갔다. 팔려 가서 북한보다 못한 삶을 사는 여자들도 있는데 아줌마는 다행히 운이 좋았다. 아줌마를 아껴 주는 시댁과 남자를 만나 아이도 낳고 살았다. 오래 살다 보니 중국어도 유창해지고 가짜 신분증도 생겼는데 어쩌다 잡혀 북송됐다. 고향 집에 돌아오고 보니 가족들 모두 여러 이유로 죽고 아무도 없었다.

아줌마는 우리 집에서 조금 떨어진 곳에 있는 탈곡장 옆 창고를 임시 거처로 받았다. 아줌마는 배정 받은 농장에서 일하며 우리 마을의 정세를 살피고 사람들과 친해질 겸 온 것이었다. 우리 마을 사람들 눈엔 중국에서 살다 온 아줌마가 외계인만큼이나 낯선 존재였다. 사람들은 중국 이야기가 궁금해 말을 걸긴 했지만 아무도 가까이하진 않았다. 요시찰 대상인 도강재[14]와 가까이해서 좋을 게 하나도 없었다.

 어느 날 "야, 너희 엄마도 도강했다며?" 아줌마가 내게 말을 걸었다. 그렇게 대화가 시작된 우리는 아빠가 없는 시간에 우리 집에서 몰래 놀곤 했다. 하루는 아줌마가 배급 받은 감자를 가져와 같이 삶아 먹으며 이야길 나누는데 아빠가 불쑥 집에 들어왔다. 아줌마는 황급히 일어나 도망치듯 갔다. 아빠가 누군데 도망가냐 물었다. 아줌마 이야길 했더니 불쌍한 여자라며 서로 잘 돌봐 주라 했다. 그 뒤로 우린 더 가깝게 지냈다.

 아줌마가 나 같은 딸이 있으면 좋겠다면서 우리 집 방이 넓다며 계속 부러워했다. 본인이 가진 감자와 우리 집, 그리고 셋이 함께 힘을 모으면 남들처럼 잘살 수 있다고 내게 뜻을

---

14) 탈북했다 잡혀 온 사람.

비쳤다. 아빠에게 아줌마 속내도 알리고 윗방에 들이자 했다. 당장 먹고살기 힘겨웠던 아빠도 마다하지 않았다.

창고 같은 아줌마 집에 쌓여 있던 감자를 우리 집 윗방으로 옮기고 아줌마도 우리 집 윗방으로 이사 왔다. 아빠와 나는 아랫방을 썼다. 하루 세끼 밥을 같이 먹고 이야길 나누고 저녁엔 아빠와 아줌마가 술도 한잔했다. 자연스럽게 아줌마는 아랫방으로 내려오고 나는 윗방으로 올라갔다. 이혼이 소원이었던 엄마는 이 모든 일을 듣고 아빠와 아줌마가 잘되길 응원했다.

하루는 아빠가 아줌마를 이제 엄마라 부르라 했다. 나는 점점 아빠를 구슬려 안주인 노릇을 하려는 아줌마가 마음에 들지 않았다. 아줌마라고, 엄마라고도 부르지 않고 서먹한 사이로 지내다 딱 한 번 아줌마를 엄마라 부른 적 있었다. 아줌마가 믿지 못하겠다는 표정으로 날 보며 "뭐라고?" 되물었다. 나는 아줌마를 엄마라 부르고 나서 이상한 감정이 들어 다시 엄마라 부르지 않았다.

아빠는 아줌마와 몇 달 살더니 엄마가 더 그리운 것 같았다. 나 역시 아줌마가 엄마에 비해 살림살이나 경제적인 부분이나 외모가 크게 부족하다 느꼈다. 엄마가 단련대에서 출소할 날이 다가오자 아빠는 아줌마를 내보내고 엄마를 데려오자 했다. 내가 외갓집에 드나들며 엄마와 소식이 닿으니 아빠가 슬쩍슬쩍 엄마 이야길 물었다. 그럴 때마다 나는 엄마는 절대 돌아오지 않을 거라고 아줌마와 잘살아 보자 했다.

   엄마는 출소하자마자 이혼 재판을 받았다. 엄마가 탈북했던 것도, 아줌마와 아빠가 동거 중인 것도 충분한 이혼 동기가 됐다. 동생은 엄마가, 나는 아빠가 데리고 사는 걸로 결정 났다. 나는 엄마를 따라가고 싶었지만 엄마가 자리 잡기 전까진 아빠와 사는 게 엄마를 돕는 거였다.

   이혼 도장을 찍고 집에 돌아온 아빠는 이미 취해 있었다. 습관처럼 이불 위에 쓰러지더니 나를 불러 머리맡에 앉혔다. 엄마 아빠가 이혼하게 된 건 내가 아줌마를 집에 들였기 때문이라며 원망 섞인 말을 했다. 아빠 얼굴에 슬픔이 가득 찼다. 아줌마도 우리 집에 들어오고 싶어 했지만 결정적으로 아줌마를 집에 들인 건 나였다. 엄마의 승리를 축하하던 마음이 이상한 감정으로 변했다. 서글퍼졌다. 그렇게 원망하고 미워하던 아빠가 꼭 죽음을 기다리는 늙은 늑대처럼 보였다.

국경으로

 잘살아 보려던 아줌마는 아빠가 술주정뱅이에 무기력하다는 걸, 아무리 쥐어짜도 블랙홀 같은 아빠에겐 희망이 없다는 걸 알게 됐다. 상황 파악을 끝낸 아줌마는 나를 통해 엄마를 만나고 싶어 했다. 브로커를 소개 받아 중국에 있는 남편에게 연락하고 싶다면서. 사실 다시 탈북할 기회를 노리는 거였다. 엄마와 아줌마는 가끔 만나 중국에서 봤던 것들과 아빠에 대해 이야기 나눴다.

 그해 마지막 주였다. 엄마는 북한에 희망이 없다며 내게 아줌마를 따라 중국으로 가라 했다. 중국에서 아줌마의 딸로 살라는데 내겐 선택권이 없었다. 이미 엄마와 아줌마는 서로 이야기를 끝낸 상태였다. 아줌마는 아빠에겐 나를 데리고 국경 근처까지 가서 중국 남편에게 도움을 청해 보겠다 했다. 아빠가 아줌마 보증인이 되어 보위부에 뺏긴 아줌마 신분증을 찾아왔다. 아빠는 아줌마에게 중국으로 갈 수 있으면 가라고, 그렇게 그리워하는 아들과 남편에게 가라 했다. 아빠가 한 말은 진심이었다. 아줌마는 다시 돌아오겠다고 굳게 맹세했다. 아빠가 아줌마 신분 보증인이었기 때문에 또 취해 실수할까 봐 그렇게 말했다. 서로 말하지 않아도 속마음을 알기에 눈물을 글썽이며 작별 인사를 나눴다.

아빠는 우리가 엄마와 같이 가는 건 전혀 몰랐다. 나와 아줌마는 가능하다면 회령을 거쳐서 중국으로 넘어갈 계획이었다. 엄마는, 고무산 철도에 있는 지인의 도움을 받아 우리를 기차에 태워 주고 경성으로 돌아가기로 했다.

기차를 타려는 데는 이유가 있었다. 회령까지 가는 길에 감시 초소가 세 개나 있었다. 통행증이 있다면 초소를 아무렇지 않게 통과할 수 있지만 엄마나 아줌마는 탈북했던 죄가 있어 통행증을 받을 수 없었다. 탈북을 하지 않았더라도 쉽게 받을 수 있는 게 아니었다.

통행증 없이 가려면 서비스차[15]로 청진을 거쳐 고무산역에 간 다음 기차를 타고 회령역까지 가야 했다. 다만 그것도 감시 초소를 통과하는 것만큼이나 어려운 일이었다. 회령역에선 개구멍까지 검열을 한다고. 그러니 회령역 근방에서 뛰어내려야 했다.

아줌마와 나는 약속 장소에서 엄마를 만나 서비스차를 타고 청진으로 갔다. 청진까진 감시 초소가 없어 그나마 자유롭게 다닐 수 있었다. 목적지에 따라 정차해 있는 곳이 다른지 엄마가 길을 물으며 여기저기 찾아 헤맸다. 시장 근처라 거기서 밀려 나온 사람들로 붐볐다. 회령까지 가는 차는 있지만 중간 지점인 고무산까지 가는 차는 보이지 않았다.

사람들이 그림자처럼 지나다녔다. 더 탈 사람이 없는지, 어디까지 가는지 묻는 운전사 아저씨와 아줌마들 목소리로 시끄러웠다. 어둡고 사람으로 복잡해 누구 하나 잃어버리기 딱 좋은 곳이었다. 엄마가 고무산에 정차해 준다는 차를 겨우 찾았다. 판자를 가득 실은 화물차였다. 우리는 둥글게 쌓은 짐

---

15) 개인이 운영하는 승합차. 화물차나 스타렉스 크기의 차가 많다.

위에 올랐다. 차가 달리던 중에 몇 번이나 아슬아슬하게 떨어질 뻔했다. 서로 팔짱을 끼고 의지해 차에 매달려 갔다. 춥기는 또 얼마나 춥던지.

고무산 어딘가에서 서비스차가 멈췄다. 한밤중이었다. 엄마가 운전사에게 기차역으로 가려면 어떻게 가야 하는지 묻고 그림을 그렸다. 우리는 수첩에 그려져 있는 길을 따라 기차역으로 향했다. 허허벌판에 둔덕만 높았다. 옛 탄광 자리였다는 곳을 지났다. 바람 소리가 스산스럽게 윙윙거렸다. 엄마가 고무산 바람에 소머리 깨진다는 옛말이 그냥 생긴 게 아니라 했다. 이가 덜덜 부딪히는 와중에도 아줌마와 엄마는 앞으로 일어날 몇 가지 경우에 대해 말을 맞췄다. 만약 무사히 가게 된다면… 만약 잡힌다면….

엄마가 아줌마에게 나를 딸이라 생각하고 잘 키워 달라는 말도 잊지 않았다. 나는 못 먹고 못살아도 엄마, 동생 옆에 있겠다는 말을 하고 싶었다. 하지만 엄마에게 부담을 주고 싶지 않아 시키는 대로 했다. 고무산역에 가까워질수록 엄마와 헤어져야 한다는 불안으로 발도 마음도 무거웠다. 중국이라는 땅에선 말도 통하지 않을 것이고 엄마와 동생을 영영 찾지 못할지도 모른다는 두려움이 거미줄처럼 마음에 감겼다.

아줌마와 나는 고무산역 앞에서 지인을 만나러 간 엄마를 기다렸다. 몇 분도 되지 않아 검은 그림자가 담장 옆에서 스윽 나타났다. 아줌마가 엄마인 줄 알고 그림자를 향해 내 이름을 불렀다. 그림자가 주변을 살피는 것 같더니 우릴 보고 누구냐 물었다. 남자 목소리였다. 아줌마는 놀라서 아니라고 서둘러 말했다. 그림자는 괴물처럼 우리 앞으로 다가와 모습을 드러냈다. 이 밤에 여기서 뭐하냐며 수상하다고 신분증을 보여 달라 했다. 겁먹은 아줌마 표정이 달빛에 드러났다. 당신은 누군데 신분증을 보자 하냐 말을 뱉었지만 목소리는 겁에 질려 있었다.

"내 여기 보안원이야!"

보안원들 특유의 강압적이고 위협적인 어투였다. 보안원이라는 말을 들은 아줌마가 급히 보안원에게 비상용으로 갖고 있던 돈을 쥐여 주려 했다. 그 순간 보안원이 이것들 뭐야! 하며 아줌마 팔을 확 잡았다. 아무래도 수상쩍으니 보안서로 가자 했다.

아줌마는 낚시 바늘에 물린 물고기처럼 소심하게 발악하고 사정도 하며 끌려갔다. 나는 그 순간 도망쳐야 할지 따라가야 할지 고민했다. 그때 엄마가 뒤에서 우릴 불렀다. 보안원이 엄마도 같이 끌고 가려 하자, 죄가 없는데 왜 끌려가냐며 당당하게 큰소리쳤다. 엄마는 아줌마와 엮이면 좋을 일이 없으니, 바로 지인을 보증인으로 세워 장사하러 왔던 것처럼 꾸며 빠져나갔다.

아줌마와 나는 근처의 어떤 공간으로 끌려갔다. 나는 속으로 엄마와 헤어지지 않게 되어 다행이라 생각했다. 화로에 불을 때고 있어 후끈후끈했다. 얼었던 몸이 녹고 졸음이 밀려왔다. 등받이 없는 좁은 의자에 앉아 잠이 들었다 깨기를 반복했다. 앉아서 잠을 자려니 몸이 근질거렸다. 땅바닥에 눕고 싶어 미칠 지경이었다.

다음 날 경성 분주소[16]에 전화를 해 보고 풀어 준다던 보안원은 아줌마가 탈북했던 전과가 있는 걸 알고 나선 펄펄 날뛰었다. 아줌마는 탈북할 거면 나를 왜 데려왔겠냐며 하도 먹고 살기 어려워 중국 남편 도움을 받으러 왔다며 사정했다. 씨알도 먹히지 않았다. 그날 오후 경성 분주소에서 우릴 데리러 분주원이 왔다. 들어오면서 바로 아줌마 뺨을 갈겼다. 순간 아줌

---

16) 파출소.

마 얼굴에 당황스러움과 수치심이 빨갛게 폈다. 분주원이 말했다. 이년은 잡혀 온 지 얼마 되지도 않았는데 또 도강할 생각을 했다며 다시는 어디도 못 가게 할 거라고. 그는 어깨를 들썩거리며 몸을 부풀렸다. 아줌마와 나에겐 그 작은 행동도 위협과 공포였다.

  우리는 그날 저녁 경성 분주소로 이관됐다. 다들 퇴근한 뒤였다. 분주원은 우리를 어디에 둘지 한참을 고민하더니 로비 옆에 있는 경비실 같은 방에 넣었다. 요강으로 쓰라고 쇠통을 하나 넣어 주곤 문을 잠그고 퇴근했다. 바람에 창문이 덜컹덜컹 흔들렸다. 이불도 없이 입은 옷 그대로 냉돌 바닥에 누워 잠을 청했다. 추워서 거의 자지 못했다. 내 살이 얼음처럼 느껴졌다. 아줌마가 나를 꼭 안으며 이렇게 하면 덜 추울 거라 했다. 나는 사람 품에 안기는 게 불편하고 어색했다. 서로가 유일한 온기라 참고 안겼다.

  다음 날 우리는 각자 취조 받았다. 미리 말을 맞췄던 대로 말했다. 밥도 거의 못 먹고 추운 냉돌 바닥에서 하룻밤을 더 잤다. 분주소 사람들도 우릴 데리고 있어 봐야 먹일 것도 없고, 국경 연선까지 갔던 것을 죄목으로 뽑기도 애매했다. 거기다 하루 지나면 설날이었다. 그때까지만 해도 북한에선 음력

설보다 양력설을 더 크게 쇠었다(나중에 김정일이 일본의 잔재라며 음력설을 명절로 바꿨다).

밤이 지나면 그해 마지막 날이었다. 집에 보내 달라고 사정하는 우리를 두고 분주원들은 집으로 갔다. 우리를 영원히 가둬 놓을 것처럼 굴었다. 그날 밤 한 명의 분주원이 와서 집에 가라며 풀어 줬다. 이미 그들끼리 밤에 풀어 주기로 약속을 해 놨던 것 같았다.

하얀 눈길에 달빛이 결결이 쏟아져 내렸다. 집으로 가는 길이 가슴 벅차고 행복한 줄 그때 처음 알았다. 지난 일들은 꿈같이 흐려지고 발길에 힘이 솟아났다. 밤 열두 시가 다 되어 집에 도착했다. 자고 있던 아빠가 놀라움과 반가움으로 우릴 맞았다. 우리가 집을 비운 며칠 사이 친할머니가 집에 와 있었다. 우리는 아랫목에 앉아 웃기도 울기도 하며 그간의 이야기를 풀었다. 이불 속에 몸을 넣고 눈을 감았다. 창고 같아도 내 집이 최고구나 생각했다. 말로만 듣던 탈북이라는 장르의 꿈을 꾼 것 같았다. 나의 첫 탈북 시도는 시작도 못 해 보고 꿈처럼 끝났다.

외로운 사람들

~~~~~~~

 우리는 희망 없는 일상으로 다시 돌아왔다. 아줌마가 가을에 분배 받은 옥수수를 아빠와 나까지 셋이 먹다 보니 겨울이 끝나기도 전에 바닥이 드러났다.

 하루는 아빠를 형 형 하며 따르는 재포[17] 삼촌이 우리집에 놀러 왔다. 재포 삼촌은 일본에 남은 친척들에게 도움을 받아 부유하게 살았다. 삼촌은 구두부터 셔츠, 조끼, 양복까지 맞춰 입고 다니는 멋쟁이였다. 사실 삼촌 주머니엔 돈이 없고 전부

---
17) 북송 재일교포

삼촌 엄마가 관리했지만 겉모습만 봐선 아무도 알 수 없었다.

그즈음 삼촌은 여러 이유로 아내와 별거 중이었다. 엄마가 있을 때도 재포 삼촌은 종종 놀러 와 내게 용돈을 줬다. 나는 오랜만에 온 멋쟁이 삼촌이 반가웠다. 아줌마를 처음 본 삼촌은 형수라 부르며 그날 저녁 늦게까지 아빠, 아줌마와 같이 술을 마셨다. 삼촌은 일본에 대해 아줌마는 중국에 대해 아빠는 엄마의 탈북과 그동안의 일을 풀어놓았다. 아빠가 삼촌에게 밤도 늦고 취했으니 자고 가라 했다.

다음 날도 삼촌은 집에 가지 않았다. 삼촌이 집에 오고부터 집 안에 흐르는 공기가 달라졌다. 늘 다음 날을 걱정하던 무거운 현실에서 벗어난 것 같았다. 다들 크게 한몫 잡기라도 할 사람들처럼, 마약이라도 한 것처럼 행동했다. 볼일이 있다며 집에 돌아갔던 재포 삼촌은 날이 바뀌자 또 왔다.

그날 아빠는 바다에 나가 없고 아줌마는 방에서 바느질을 하고 있었다. 나는 마당에서 팔목만 한 참나무를 도끼로 패고 있었다. 아빠를 찾는 삼촌에게, 아빠는 조금 있으면 바다에서 들어올 거라 했다. 삼촌이 알겠다며 집으로 들어갔다. 마당에서 집을 바라보는데 본능적으로 삼촌과 아줌마가 뭘 하고 있을지 알 것만 같았다.

마음이 꼬이는 기분을 느껴 아줌마에게 아빠 마중을 나가자 소리쳤다. 배가 들어오면 가족들이 달라붙어 배를 백사장으로 끌어 올려야 해서 수시로 확인하며 채비해야 했다. 방 안에서 알겠다는 소리가 들리고 시간이 조금 흘렀다. 나는 올라오는 짜증을 참으며 다시 아줌마에게 소리쳤다. 곧 나간다는 목소리가 또 들렸다. 나는 나무를 패던 도끼를 내려 놓고 출입문을 확 열었다. 두 사람이 반나체로 포개져 있었다. 나는 문을 닫고 얼어 버렸다.

 저녁 내내 내 표정은 시퍼렇게 얼어 있었다. 아빠가 들어오고 정신이 없는 틈에도 재포 삼촌과 아줌마는 내 눈치를 살폈다. 아줌마가 내게 대화를 좀 하자며 불렀다. 좀 더 확실해지면 말하려 했는데 어쩔 수 없다며 삼촌과 같이 나가 살기로 했단다. 그러니 내가 본 것은 아빠에겐 말하지 말아 달라 했다. 엄마가 이혼도 했겠다 안주인 노릇하는 아줌마가 나가 주면 고마운 일이었다.

 그날 저녁 세 명은 안방에 마주 앉아 술을 마셨다. 삼촌이 아빠에게 할 말이 있다며 먼저 자기 뺨을 때려 달라 했다. 아빠가 무슨 일이냐며 다그쳐 물었다. 자기 뺨을 때려야 말하겠다는 삼촌 때문에 한참 시끄러웠다. 아빠가 삼촌 뺨을 슬쩍 때렸던가. 삼촌이 형수를 데려가도 되냐 힘겹게 물었다. 아빠가 얼큰히 취해선 그렇게 됐냐며 행복하게 해 줄 거라는 다짐을 받았다. 아줌마에게 그동안 못해 줘서 미안하다고 가서 잘 살라 했다. 삼촌과 아줌마는 아빠에게 미안하다 말하며 울다 웃었다. 아줌마가 내게 남은 감자와 옥수수는 두고 간다 했다. 다음 날 아줌마는 짐을 싸들고 삼촌을 따라갔다.

안주인 자리를 다시 차지한 나는 잃었던 것을 되찾은 기분이 들었다. 그동안 아줌마를 아무리 편하게 생각했어도 불편한 부분이 많았다. 아빠도 아줌마의 빈자리를 거의 느끼지 못하는 것 같았다. 살림살이는 이미 어른 못지않게 내가 해내고 있었다. 아빠가 나를 불러 놓고 앞으로 우리 둘이 잘 살아 보자 했다. 나는 앞으로 계절마다 해야 할 일과 매일 해야 할 일을 생각했다. 아줌마의 존재감은 파도에 발자국이 지워지듯 사라졌다. 하룻밤이 지나자 우리 집은 제자리를 되찾았다.

마당에 불쑥 삼촌과 아줌마가 나타났다. 나는 놀러 온 줄 알고 반갑게 두 사람을 맞았다. 아줌마 표정이 실망과 화로 얼룩져 있었다. 뭔가 이상했다. 자전거 뒷자리에 아줌마 짐 보따리가 보였다. 내 표정도 어두워졌다.

아줌마가 재포 삼촌 집에 가 보니, 삼촌은 이혼한 상태도 아니었고 자립할 정도의 돈이 있는 것도 아니었다. 무엇보다 삼촌 엄마가 완강히 반대했다. 같이 살 거면 집을 나가서 살라는데 삼촌은 엄마 품을 떠나면 몸뚱이뿐이었다. 반질반질한 겉과 달리 무능력하고 책임감도, 돈도 없다는 걸 아줌마는 그때 알게 됐다.

갈 곳 없는 아줌마가 다시 우리 집으로 온 거였다. 아줌마를 받아 줄 수도 그 자리에서 내보낼 수도 없었다. 아줌마의 어리석은 선택이 불러온 결과였지만 아줌마 처지가 불쌍했다. 우리는 아줌마가 집을 다시 받을 때까지만 우리 집에 머물게 했다.

다시 셋이 된 집안이 내겐 불편했다. 아줌마가 얼렁뚱땅 같이 살 생각을 했는지 내게 잔소리도 몇 마디 하고 기강을 잡으려 했다. 집을 달라고 농장에 말은 했다는데 적극적으로 알아보지 않는 것 같았다. 이러다 아줌마가 집에 눌러앉을지도 모르는 일이었다. 나는 아줌마에게 언제 나갈 거냐 물었다. 아줌마가 나를 쓱 보더니 "너 무섭다야." 하며 차갑게 굳었다. 쓴 뿌리를 씹다 뱉는 듯한 얼굴로 곧 나갈 테니 걱정 말라 했다.

아줌마는 열흘을 넘기지 않고 우리 집에서 나갔다. 남아 있던 식량도 챙겨 갔다. 우리 집에 들어와서 식량만 다 털렸다느니 우리가 자기를 이용한 거라느니 했다. 나를 바라보는 처절한 눈빛에 마음이 불편했다. 그 불편함보다 당장 먹을 것이 떨어졌다는 불안함이 더 컸다.

그 후로 동네에서 아줌마를 마주칠 때마다 피했다. 아줌마도 나도 동네에선 외로운 기러기 같은 존재여서 시간이 흐르자 다시 가까워졌다. 붉은색으로 똘똘 뭉친 군중 속에서 도강재와 도강재 딸인 우리는 다시 가까워질 수밖에 없었다. 다만 너무 친하게 지내기엔 서로 껄끄러운 부분도 남아 있었다. 무엇보다 감시의 눈초리가 주변에 깔려 있었다. 우리가 서로에게 불편할 수밖에 없었던 건 모두 살아남으려 한 선택 때문이었다.

경성에서 경성까지

을씨년스럽게 비 오는 봄이었다. 예고도 없이 엄마가 나를 데리러 바닷가 집에 왔다. 아빠는 바다에 나갔다 파도가 심해 며칠째 들어오지 못하고 바다에 묶여 있었다. 자주 있는 일이 아니었다. 그만큼 위험한 상황이었다. 어렸을 때도 아빠가 코앞 바다에서 일주일 넘게 못 들어온 적이 있었다. 야산만 한 파도가 오면 배는 물속으로 쏙 사라졌다 다시 높게 떠올랐다. 그 배 선창에서 육지를 바라보는 아빠가 보였다. 그때 아빠가 죽는 줄 알았다. 겨우 살아 돌아온 아빠의 얼굴은 해골에 가까웠다. 구운 감자처럼 까맣게 그을린 얼굴, 푹 꺼진 눈과 높이

솟은 광대뼈, 나를 보고 허허 웃던 얼굴.

엄마가 아빠를 찾더니 어쩔 수 없다며 옷을 챙기라 했다. 나는 아빠와 살며 엄마가 하루빨리 나도 데려가길 기다렸다. 기다리고 기다리던 순간이었지만 반가움보다 불편한 마음이 컸다. 아무리 미워하던 아빠지만 죽을 고비를 넘기고 집에 돌아왔는데 하나밖에 없는 딸이 집에 없다면 얼마나 쓸쓸할까. 그것도 잠시였다. 그동안 아빠가 한 행동을 생각하니 뭘 고민하고 걱정할 것도 없었다. 나는 엄마가 데리러 와서 간다고, 앞으로 술 적당히 마시고 건강 잘 챙기라는 쪽지를 남겼다. 엄마도 몇 줄 남기고 집을 나섰다.

짐을 들고 엄마 자전거 뒤에 탔다. 옆을 지나치던 아저씨가 내 이름을 불렀다. 엄마가 있을 때 고기 얻으러 가끔 오다 발길이 끊겼던 아저씨였다. 최근에 아빠가 아주 불쌍한 처지에 놓이자 강냉이국수도 주고 술친구도 해 주었다. 아저씨는 엄마를 보고 반색했다.

"돌아온 거요? 잘 왔소!"

엄마가 정색했다. "내가 이 집구석을 어떻게 떠났는데 제 발로 다시 오겠어요? 미쳤어요?"

싸늘해진 아저씨가 말했다. "그럼 왜 왔소?"

비 오는 길 위에서 즐겁지 못한 대화를 나누는 두 사람 사이엔 금세 벼락이 칠 것 같았다. 엄마가 나를 데려간다는 말에 아저씨는 아빠가 나를 보냈는지 되물었다.

"잘 됐네. 그 사람이 바다에서 돌아오면 전해 주시오!"

"그럼 지금 애를 훔쳐 가는 거요?" 아저씨가 엄마 자전거 핸들을 탁 잡았다.

엄마 목소리가 커졌다. "남의 가정 일에 참견 말고 그쪽이나 잘 사시오!" 엄마가 아저씨 팔을 뿌리치고 자전거에 올라탔다. 아저씨는 엄마를 잡으려다 본인 자전거가 휘청이는 바람에 놓치고 말았다. 엄마와 아저씨는 서로 욕하며 멀어졌다. 얼굴엔 비가 흘러내리고 땅바닥에선 흙탕물이 튀었다.

엄마가 동생을 데리고 함께 살고 있던 외할머니 집으로 갔다. 외할머니가 내 옷 보따리를 보더니, 지 애비 밑에서 잘 살고 있는 애를 왜 데려왔냐고 야단쳤다. 지 몸도 책임지지 못해 늙은 엄마한테 빌붙어 있으면서 작은딸론 부족해 큰딸마저 데려오냐고 덧붙였다. 내일 데리고 갈 거니까 걱정하지 말라고 받아치는 엄마와 외할머니 사이에서 나는 쭈그러져 있었다. 차가운 바닷가 집에서 따뜻한 가시덩굴로 이사 온 기분이었다.

다음 날 엄마는 나와 동생을 데리고 청진에 있는 다섯째 막내 이모 집으로 갔다. 막내 이모 집엔 몇 년 전에 아코디언을 배운다고 와서 두 달 정도 산 적이 있었다. 이모 집은 북한에서 상상하기 어려운, 전기가 끊기지 않는 곳이었다. 공장으로 들어가는 전깃줄에 몰래 선을 붙여 전기를 끌어다 썼다. 한마디로 전기를 훔치는 거였다. 창문엔 두꺼운 커튼을 치고 전등불은 거의 켜지 않았지만 장판부터 개 뜨물까지 모든 걸 전기로 해결했다. 물걸레로 장판을 닦을 때 찌릿찌릿하는 거 빼곤 다 좋은 곳이었다. 집엔 냉장고, 밥솥, 채가마[18], 티브이, 디브이디, 정수기까지 없는 게 없었다.

엄마가 당분간 이모네랑 장사를 떠나야 하니 내게 이모 집을 지키라 했다. 이모는 치료 받으러 경성에, 이모부와 엄마는 황해도로 장사를 간다 했다. 엄마가 되는 대로 사람을 보낼 테니 어디 가지 말고 동생과 사촌 동생을 잘 데리고 있으라 했다. 나는 엄마가 다시 탈북하겠구나 생각했다. 다음 날 어른들은 제각각 집을 나갔다. 나보다 한 살 어린 사촌 동생은 아무

---

18) 전기 곤로 위에 팬이 붙어 있어 반찬과 국을 끓일 수 있는 도구.

것도 모른 채 평소처럼 학교를 다녔다.

이틀 뒤 보안원들이 찾아왔다. 이모와 이모부가 어떤 차림으로 어디로 갔는지 다른 말은 없었는지 사촌 동생은 어디 있는지 물었다. 이모네가 국경에서 통화하다 걸렸으니 외할머니를 부르라 했다. 북에선 거주지 외에 다른 곳에 가면 미리 인민 반장에게 알려야 하고, 가는 곳의 인민 반장에게도 어떤 연유로 왔는지 신고해야 한다. 황해도로 장사를 간다 한 사람들이 두만강 근처에서 중국인과 몰래 통화했으니 큰 문제였다.

경성에 사는 외할머니와 셋째 이모가 청진으로 급히 왔다. 나는 누가 물어도 엄마가 말한 대로 답했다. 외할머니는 충격이 크기도 했고 워낙 몸이 약한 분이라 몸져누웠다. 보위지도원은 일이 커지면 옷을 벗어야 해서 엉덩이에 불붙은 사람처럼 안절부절 못했다. 이모 부부가 평소 보위부 사람들과 인연이 있었던 터라 더 그랬던 듯했다. 틈만 나면 달려와서 소식이 없는지, 지금 빨리 돌아오면 자기 선에서 아무 문제없이 해결할 테니 빨리 오라 하라고 호소했다.

그때까지는 막내 이모네가 탈북할 거라곤 아무도 생각지 못했다. 남들 다 부러워하는 청진이라는 도시의 전기가 끊기지 않는 집에서 사는데 왜 목숨을 걸고 탈북을 하겠냐는 거였다. 거기다 이모 옷장엔 북한 기준으로 명품 옷들이 가득 차 있었고, 무엇보다 하나밖에 없는 아들이 청진에 남아 있었다. 셋째 이모와 외할머니도 일이 더 커지기 전에 이모네가 돌아오길 바랐다. 엄마는 이미 탈북자로 낙인이 찍혀 보통 사람들처럼 살기 어려운 처지였으니 두만강을 한 번 더 넘어가든 상관치 않았다.

문득 사촌 동생을 데리러 근처에 사는 이모부 친척이 왔다. 친척은 동생을 데려가야 하는 이유와 그간의 이야기를 들려줬다. 이모부와 이모, 엄마가 국경 연선에 머물며 다음 날 아침 브로커를 만나기로 했는데 이모가 꿈자리가 너무 나쁘다며 엄마에게 잠깐 나갔다 오자고 했다. 마침 그사이 경비대가 들이닥쳤고 다행히 이모부는 도망친 뒤였다. 깜짝 놀란 엄마와 이모는 슬리퍼를 신은 그대로 도망쳐 어디론가 숨어 버렸다. 두더지가 땅을 파고 숨은 것처럼 찾을 수 없다며 이모부가 이모를 낚으려면 아들이 필요하다고 판단했다는 것이다.

여자가 귀한 중국에서 남자는 짐승 취급을 받았다. 겁먹고 숨은 엄마와 이모가 갈 곳은 두만강 너머밖에 없으니 이모부는 겁이 난 모양이었다. 한시가 시급하니 사촌 동생을 회령으로 빨리 데려오고 이모네와 연락이 닿으면 아들이 국경에 있다고 전해 달라 했다.

사촌 동생이 해맑게 웃으며 엄마를 데려오겠다며 나섰다. 외할머니도 이모부 말을 믿고 동생을 보냈다. 나는 엄마가 곧 사람을 보낸다고 했던 말을 떠올렸다. 사촌 동생이 가는 길이 내가 기다리던 그 길인 것 같아 씁쓸했다. 국경으로 가는 길에 무슨 일이 생길지 모르니 주머니에 있던 오백 원을 꺼내 동생에게 쥐여 줬다.

그 뒤로 심부름했던 친척을 통해 전해 들었다. 이모부와 동생이 먼저 두만강을 넘어가고 뒤이어 엄마와 이모도 국경을 넘었다고. 소동의 마침표가 찍힌 것이었다.

무사히 국경을 넘었다는 소식에 안도감이 들었다. 왠지 모를 믿음이라고 할까. 걱정이 하나도 되지 않았다. 보안원들이 이모네를 잡으러 중국에 경찰을 쫙 깔았다느니, 잡히면 죽는다느니 할 때마다 외할머니는 사시나무처럼 떨었다. 보안원들은 이모네를 무조건 잡아 올 거라며 집을 비우지 말고 그대로 있으라 했다. 어차피 나는 엄마가 소식을 보낼 때까지 갈 곳도 없었다. 이모 자전거로 경성과 청진을 오가며 장사나 하려 했다. 이모 집은 위치도 좋고 도시인 만큼 장사할 품목도 많았다.

소곤거리는 소리에 잠에서 깼다. 새벽같이 청진으로 달려온 셋째 이모와 외할머니가 이야길 나누고 있었다. 나는 잠에서 깬 기척을 하지 않고 가만히 들었다. 보안원들이 저렇게 설쳐 대는데도 소식이 없는 걸 봐선 안전한 데로 간 것 같다, 그렇다면 이제 돌아오지 않을지도 모르는데 청진에 남아 있을 필요가 있냐는 이야기였다.

셋째 이모가 외할머니에게 당장 집으로 가자 했다. 외할머니가 그럼 저것들은 어쩌냐 했다. 저것들은 엄마가 두고 간 우리였다. 셋째 이모가 어린 것은 이혼할 때 데려왔으니 외갓집으로 데려가고 나는 다시 아빠에게 보내자 했다. 나는 불과 한 달 전에 아빠에게 잘 살라고 쪽지를 써 놓고 나오지 않았던가. 아빠에게 돌아갈 일을 생각하니 심장이 쿵쾅댔다. 그 순간 감은 눈을 영영 뜨지 않을 수만 있다면 그러고 싶었다.

혹여 꿈이길 바라며 아무 말도 못 들은 것처럼 일어났다. 아침을 먹는데 외할머니가 오늘 경성으로 내려가자 했다. 구설수에 휘말리기 싫었던 외할머니는 자전거며 가전제품은 다 두고 이모 옷만 챙겨서 도둑이 집을 빠져나오듯 나왔다. 나는 두고 가는 이모 자전거가 너무 아까웠다. 이모 집에서 살면 저 자전거로 혼자 벌어서 먹고살 수 있을 텐데… 가고 싶지 않은데… 자꾸만 생각했다. 친할머니였다면 가지 않겠다 말했을 텐데. 이상하게 외갓집 식구들 앞에선 주눅이 들어 말도 제대로 못했다.

내 몸은 어느새 경성 외할머니 집에 와 있었다. 외할머니 집에서 막내 이모 옷을 풀었다. 외할머니가 내게 이모 바지 하나와 티셔츠 두 장을 줬다. 셋째 이모도 몇 개 골랐다. 외할머니가 혹시 막내 이모네가 돌아오면 줄 거라며 옷을 챙겨 놨다. 애써 모르는 척하는 내게 셋째 이모가 너는 너의 핏줄인 아빠에게 가야 한다고, 아빠이기 때문에 너를 받아 줄 것이고, 받아 주지 않으면 갈 데 없다고, 때려도 그 집에서 버티라고 했다. 쿵. 쿵. 쿵. 몸 안에서 지진이 일어난 것 같았다.

내 마음과 달리 날이 좋았다. 짐을 들고 바닷가 집 쪽으로 터벅터벅 걸었다. 어디 갈 데도 돈도 없으니 정말 아빠한테 가는 수밖에 없었다. 길을 걷다 다리 위에 서서 한참을 고민했다. 떨어지면 저 아래 돌들에 머리를 부딪쳐 죽을까 하고. 떨어질 용기가 없어 빙 돌아 다리 아래로 내려갔다. 강물이 얕았다. 수영을 못하는 것도 아니니 이 얕은 물에 빠져 죽기는 불

가능해 보였다. 물에 빠질 용기도 없던 나는 손만 씻고 다시 다리 위로 올라왔다. 마음은 바짝바짝 마르고 시간은 더디게 흘렀다.

  자전거를 타고 내 옆을 지나가던 장사꾼 아줌마가 집 가는 길이면 뒤에 타라 했다. 나도 모르게 뛰어가 자전거 뒷자리에 앉았다. 잘 모르는 아줌마였는데 아줌마는 나를 아는 것 같았다. 최대한 느리게 오고 싶었던 길을 자전거를 타고 순식간에 와 버렸다. 마을 어귀에서부터 집 앞까지 달팽이처럼 걸었다. 대문 안을 슬쩍 보려다 내 심장 소리에 놀라 뒤로 물러났다. 발 하나 앞으로 내딛는 데 생과 사가 오갔다.

  손에 땀을 쥐고 대문 옆에서 서성거리는데 집에서 아무 소리도 들리지 않았다. 출입문은 열려 있고 사람은 없었다. 안도의 한숨이 나왔다. 도둑처럼 두리번거리며 집에 들어가 보니 바닥부터 방 안까지 난장판이었다. 물통에 물은 없고 물때와 찌꺼기가 가라앉아 있고 설거짓거리는 지저분하게 쌓여 있었다. 나는 생각할 겨를도 없이 마당에 있는 펌프에 마중물을 넣고 물통을 씻고 물을 채웠다. 설거지를 하고 있는데 옆 건물에서 오랫동안 살다 아들네로 떠났던 옆집 할머니가 들어왔다. 빚 받으러 우리 동네에 왔다가 아빠가 혼자인 걸 알고 집도 봐줄 겸 며칠 머무는 중이라 했다. 할머니는 다시 돈 받으러 바삐 나갔다.

   방을 닦고 있던 중에, 바다에 나갔던 아빠가 들어왔다. 나를 본 아빠가 어 왔어? 하고 웃었다. 버림 받은 아이가 부모의 얼굴을 보고 짓는 웃음이었다. 내가 증오하고 원망했던 그 사람이 나를 반긴 것이었다. 때리거나 쫓아내면 어쩌나 걱정했던 마음이 와르르 무너졌다. 마음이 놓이면서도 불편하고 서걱거렸다. 그날 저녁 핏기 없던 아빠 얼굴에 홍조가 돌았다. 아빠와 나는 아무 일도 일어나지 않았던 것처럼 같이 살기 시작했다.

   이모네 탈북으로 시끄럽던 때였다. 외할머니가 이모 집은 보안도 든든하고 미친 것처럼 사나운 개가 있으니 슬쩍 경성에 다녀오겠다 했다. 할머니가 어디 가셨는지 묻는 사람에겐 장마당에 잠시 갔다 답했다. 저녁쯤 옆집에 사는, 발이 문드러져 사계절 내내 장화를 신는 언니가 왔다 갔다. 옆집엔 다 큰 아들딸과 부모가 살았는데 벽이 얇아 누가 왔다 가는지 말소리까지 다 들렸다.

그날 밤 이상한 느낌이 들어 잠에서 깼다. 어렴풋이 출입문 쪽을 보니 작은 창문에 사람이 어른거렸다. 손전등을 켜 들고 들여다보더니 노루 발톱 같은 걸로 창문을 뜯기 시작했다. 순간 두려움에 머리가 쭈뼛 섰다. 심장 박동소리가 커졌다. 그걸 도둑이 들을까 봐 더 무서웠다. 나는 동생을 끌어안고 이불을 코까지 덮었다. 창문 쪽을 봤다. 머릿속이 하얗게 질려 아무런 생각도 할 수 없었다. 도둑은 우리가 하나도 무섭지 않을 텐데 나는 팔다리가 움직이지도 않을 정도였다. 도둑은 창문을 들여다보다 노루 발톱으로 창틀 뜯기를 반복했다. 그러더니 결국 기권하고 떠났다. 긴장이 풀린 나는 약에 취한 것처럼 다시 잠이 들었다.

아침엔 꿈을 꿨나 싶을 만큼 흐릿했다. 나가 보니 창고 안에 물건들은 그대로 있고 창문을 뜯으려다 만 흔적만 있었다. 도둑맞은 경험이 있던 이모부가 얼마나 꼼꼼하게 쇠창살을 박아 놨는지 어느 한쪽도 뜯지 못했다. 동생과 아침을 해 먹고 개 뜨물을 끓여 문 앞에 내놨다. 개가 안 보였다. 아무리 봐도 없었다. 외부인만 보면 미친 듯이 짖는 개가 짖지도 않고 끌려가거나 죽었을 것 같았다. 물증은 없지만 분명 가까운 사람 짓이 분명했다.

며칠 뒤 옆집에서 개를 잡았다며 개고기를 삶았다. 그 집은 돼지고기 한 근도 아니고 개를 통째로 잡을 만큼 여유로운 집이 아니었다. 평소 도둑질을 많이 한다고 말을 들었던 터라 더 의심이 갔다. 심증은 있는데 물증이 없으니 뭐라 할 수 없었다. 늙은 할머니와 나는 부들부들 떨기만 했다. 청진은 정말 산 사람 코도 베어 간다더니 그랬다. 나를 제일 잘 아는 사람이, 제일 가까운 사람이 가장 무서운 존재라는 생각이 들었다.

하얀 블라우스

 북한은 시간이 멈춘 곳 같지만 그렇지 않다. 북한이라는 갇힌 공간에서 나름의 속도에 맞게 변화한다. 나의 체감으론 중국에서 들어오는 물건과 남한 드라마가 가장 큰 영향을 미쳤다. 한국에서 유명인이 스타일이나 특정 제품을 유행시키는 것처럼 북한에도 유행을 이끄는 유명인이 있는데 바로 김가네다.

 김정일이 늘 입던 잠바가 있었다. 짙은 베이지 색에 허릿단이 있고 지퍼가 달린 옷이었다. 김정일이 그 옷을 입은 뒤로 장군님 잠바라며 많은 남자들이 한 벌씩 해 입었다. 지금은 리

설주가 입는 옷이나, 주애가 입는 가죽 재킷이 유행한다.

남한 드라마가 많이 유입되면서 단연 최고의 인기는 남한 스타일이었다. 드라마에 나오는 옷, 화장품, 머리 스타일, 서울말까지 인기였다. 끊임없이 단속을 해도 잡초처럼 살아났다. 장마당에선 남한 물건은 상표를 떼고 몰래 팔았다. 당장 저녁에 뭘 먹을지 고민하는 삶이지만 그 속에도 유행의 바람이 불었다.

그해 여름엔 하얀 블라우스에 포인트로 수를 놓거나, 팔목에 레이스가 달린 스타일이 유행이었다. 새하얀 블라우스가 옷 가게마다 걸려 있고 그걸 입고 다니는 젊은 여자들이 많았다. 못 먹은 티는 안 나도 못 입은 티는 난다며 평소 엄마가 남들보다 좋은 옷을 깔끔하게 입혔던 터라 음식보다 옷에 더 눈길이 갔다. 그러고 보니 한창 멋을 부리고 싶고 이성이 눈에 들어오는 나이이기도 했다.

하루는 외할머니 집에 갔다 바닷가 집으로 돌아가는 길에 큰엄마(둘째 이모. 엄마 위로는 다 큰엄마, 엄마 아래로는 이모라 칭했다)와 장마당에 같이 갔다. 큰엄마는 계란을 팔고 그 돈으로 닭 사료를 사러 가는 길이었다. 외할머니 혼자 있을 땐 닭 서너 마리를 키웠는데 큰엄마가 오고 나서 닭 수가 확 늘었다. 계란이 다른 식료품에 비해 비싸다 보니 그렇게 몇십 마리만 키워도 일정한 부수입을 벌 수 있었다. 다만 먹은 놈이 힘을 쓴다고 닭 사료에 돈이 꽤 들었다.

큰엄마가 들고 간 계란은 닭이 알을 낳기 시작한 지 얼마 되지 않아 크기가 작았다. 제값보다 저렴하게 팔 수밖에 없었다. 계란을 팔고 구경 삼아 장마당을 한 바퀴 돌았다. 쭉 둘러보고 내가 가장 예쁘다 하는 옷 앞에 멈춰 주인아줌마에게 얼마인지 물었다. 칠천 원이라 했다. 유행하는 다른 블라우스는 사오천 원대였다. 큰엄마가 예쁘긴 한데 너무 비싸다며 다른 블라우스 쪽으로 발걸음을 돌렸다.

장마당을 더 돌았지만 내 눈에 다른 옷은 들어오지 않았다. 나는 시곗바늘처럼 그 블라우스 앞에 돌아와 있었다. 우릴 본 아줌마가 장마당을 다 돌아도 같은 디자인도 같은 재질도 없을 거라며 입어 보라 했다. 어깨 품도 팔 길이도 살짝 컸지만 그래도 마음에 들었다. 가슴팍까지 서로 다른 길이로 내려온 세 줄의 레이스와 살짝 주름진 우윳빛 원단에 별똥별이 떨어지듯 귀엽게 붙은 반짝이까지 다 세련돼 보였다. 날이 어둑어둑해질수록 하얀 블라우스는 빛에 반사되는 눈밭처럼 반짝이며 데려가 달라는 듯 내 눈길을 놔주지 않았다.

큰엄마가 한 번만 더 둘러보자며 내 팔을 끌었다. 역시나 눈에 들어오는 옷이 없었다. 장마당을 네댓 바퀴는 돌았다. 아줌마가 망설이는 우릴 보고 뭘 더 고민하냐며 입고 가라고 옷을 내밀었다. 큰엄마가 주머니를 확인하더니 어떻게 돈이 딱 맞냐며 웃었다. 나만큼이나 기분이 좋아진 아줌마는 엄마가 얼굴도 예쁜데 마음은 더 예쁘다고 칭찬했다. 내가 큰엄마라 하자 입을 떡 벌리곤 이런 큰엄마가 어디 있냐 했다. 철없는 나는 그게 닭 사료 살 돈과 이모 용돈 전부라는 것을 생각지도 않고 기뻐했다.

내 팔에서 옷자락이 펄럭이는 걸 느끼며 자전거 페달을 밟았다. 날개를 단 것 같았다. 아빠가 무슨 옷이냐 어디서 났냐 물을 땐 고개까지 쳐들고 큰엄마가 사 줬다 자랑했다. 마을 사람들은 내가 비싸 보이는 블라우스를 입고 다니자 의아한 눈빛으로 쳐다봤다. 그 옷을 입으면 어깨가 으쓱으쓱 올라갔다. 엄마라는 그늘을 지워 주고 아빠라는 부끄러움을 가려 주는 하나의 가면이자 갑옷이었다. 어디 기댈 곳 없는 내 마음은 반짝이는 블라우스 뒤에 숨어 떨고 있었지만 아무도 몰랐다. 그 날 일은 오래도록 감동으로 남았다.

나는 한국에 온 지 십여 년이 지나서야 자리를 잡고 제 밥벌이를 한다. 올해 둘째 이모 앞으로 약소한 돈을 부쳐 드렸다. 이모가 대가를 바라지 않고 내게 베풀었던 그 마음을 이제 돌려드려야 한다. 서울에서 나 하나 살기도 벅차지만 내 어깨엔 고향에 남은 사람들이 있다. 나는 명품을 들지 않아도 상관없지만 큰엄마는 남들 부러워하는 옷 한 벌 해 입었으면 좋겠다. 내게 큰엄마는 엄마가 없을 때 그 자리를 채워 주는 진짜 '큰엄마'였다.

동지

끝없는 밤의 시간

끊어진 다리

~~~~~~~~

 어느 늦가을이었다. 한기를 머금은 이슬이 풀잎에 맺혀 있었다. 손끝이 동백꽃처럼 피는 추위였다. 백사장 옆 숲을 헤집고 다니다 죽은 나무에 잠자리가 빼곡히 매달려 있는 걸 봤다. 나무가 잠자리 때문에 까맣게 보였다. 잠자리가 죽은 나무의 잎이 된 것 같은 풍경이 기이했다. 손으로 잠자리를 건드리니 툭툭 바닥에 떨어졌다. 죽진 않았지만 몸이 얼어서 움직이지 못했다.
 주변에 나무가 많은데 왜 하필 이 나무에 모여 있을까? 잠자리들은 죽음을 다 같이 맞이하는 걸까? 나는 이상한 풍경에

의문을 가졌다. 날이 따뜻해진다면 잠자리는 언 몸을 녹이고 날아오르겠지만 곧 눈이 내릴 것 같았다. 함경북도의 겨울은 빨리 찾아와 늦게 가니까.

나는 오랫동안 그때 봤던 것이 상상은 아니었을까 의심했다. 하지만 분명히 봤다. 무엇보다 몸으로 느꼈던 그 죽음의 분위기는 상상으로 만들 수 없는 것이었다.

그날 저녁 아빠는 이상하리만큼 내게 다정했다. 아빠 친구가 싸 온 도시락을 내게 밀어놓고 내 몫이었던 강냉이국수를 친구에게 줬다. 친구가 뼈만 앙상한 아빠를 보며 너도 좀 먹으라고, 네가 살아야 딸도 사는 거라며 밥을 아빠 앞으로 밀었다. 아빠도 하얀 쌀밥은 꽤 오랜만에 보는 거였다. 친구 성화에 두 입 정도 먹었을까, 눈치 보지 말고 다 먹으라며 내 앞으로 밀었다. 친구가 한숨을 푹푹 쉬며 아빠에게 몸을 챙기라고 당부했다. 그분도 넉넉한 것 같진 않았는데 도시락을 양보하고 아빠에게 술도 한 병 사 줬다. 아빠는 돈이나 그물을 얻어 오겠다며 친구와 같이 일어났다. 늦으면 자고 올 테니 기다리지 말라 했다.

다음 날 새벽, 남자 두 명이 대문을 쾅쾅 두드리더니 뛰어 넘어 들어왔다. 온 동네를 다 깨울 듯 시끄럽게 아빠 이름을 불렀다. 반은 욕이었다. 마당에 호랑이가 들어온 것 같은 공포가 휘몰아쳤다. 나는 문을 조금 열어 아빠는 어제 집을 나가서 들어오지 않았다 했다. 아저씨들은 못 믿겠다는 듯 집을 확인했다. 펄펄 뛰던 아저씨들이 아빠가 없는 걸 확인하곤, 컷 사인이 떨어진 배우들처럼 조용해졌다. 휙 주변을 둘러보더니 돈이 될 만한 게 아무것도 안 보이자 서로 어떻게 하면 좋을지 모르겠다는 표정으로 바라봤다.

아저씨들이 내게 상황을 설명해 줬다. 평소 아빠 얼굴 정도는 아는 사이며, 어제 자전거 수리소에서 우연히 만났는데 잠시 이야길 나누다 아빠가 자기들 자전거를 끌고 갔다는 것이다. 아빠가 수리소에 끌고 갔던 고장 난 자전거는 본인들이 갖고 있으니 훔친 자전거를 들고 찾아오라 했다. 자전거를 돌려주지 않으면 우리 자전거를 팔아 버리겠다면서. 그래도 손해 보는 건 아저씨들 쪽이었다. 당장 자전거를 돌려주지 않으면 큰일 날 거라더니 끝내 돌려만 달라고 사정했다.

아저씨들이 돌아간 뒤 긴 하루를 직감했다. 부엌에 불을 지피고 머리를 감고 겨울 조끼를 꺼내 입었다. 할 일을 다 끝내고 긴장 상태로 앉아 있었다. 언제나 아빠가 집에 들어올 때쯤이면 심장이 벌렁거렸다.

뽀얗게 가랑비가 내렸다. 빨랫줄엔 참새들이 줄줄이 앉아 모가지를 움츠리고 있었다. 나는 담장 앞 재와 쓰레기가 쌓인 둔덕으로 나가 바다를 바라봤다. 얼마 전부터 장사하러 우리 동네에 오던 옆집 할머니 딸이 날 보곤 물었다.

"너 아빠 죽은 거 아니?"

내가 픽 웃으며 아니라고, 아빠는 어제 저녁에 집에서 나갔다 했다. 너무 오랫동안 아빠가 죽기를 바라서였는지 아빠가 그리 쉽게 죽을 것 같지 않았다.

"너 아직 모르는구나. 지난밤에 너희 아빠 죽었다. 경성 가서 알아봐라. 가는 길에 다리 앞에 분주원이 있더라."

그래도 믿기 힘들었다. 믿지 않았다. 순간 가슴이 쿵쿵거리더니 무너졌다. 멍한 눈앞에 혼자 살아가야 할 날들이 수평선까지 이어졌다. 앞으로 어떻게 살아갈지 막막했다. 당장 먹을 것과 땔감도 없었다. 나는 아빠의 죽음을 확인하러 친할머니 집으로 향했다.

며칠 전 가을장마에 경성읍으로 가는 다리 일부가 무너진 상태였다. 사람들은 바지를 걷어 올리고 강물이 얕은 곳으로 짐과 자전거를 들고 지나다녔다. 꼭 피난민 행렬 같았다. 다리 앞에서 교통을 통제하는 분주원에게 아빠가 죽었다는데 사실이냐 물었다. 아빠 이름을 대니 맞다 했다.

아빠는 강을 건너다 자전거 바퀴 지지대가 부러져, 근처의 자전거 수리소에 갔다. 수리소에서 비싸 보이는 자전거를 훔쳐서 나온 뒤 팔기 위해 승암으로 가는 화물차에 탔다. 차엔 군인 두 명과 여자 한 명이 더 있었다. 시비가 붙었고 술 취한 아빠를 쉽게 제압하곤 자전거를 빼앗은 것 같았다. 아빠는 피투성이인 채로 승암역에 내렸다. 길 가던 사람들이 아빠를 병원에 데려다 줘서 얼굴 여러 곳을 꿰맸다. 병원에서 한숨 자고 일어났을 땐 밤 열 시가 넘었다. 의사가 다음 날 가라고 했지만 딸이 기다린다며 병원을 나왔다. 그러곤 근처 둘째 형네 집이 아닌 걸어선 올 수 없는 바닷가 집으로 향했다.

그날 밤, 승암엔 갑자기 비바람이 불고 시퍼런 번개가 내리쳤다. 아빠는 달려오는 차 불빛을 향해 손을 흔들다 그대로 치였다. 사고를 낸 차량은 뺑소니쳤다. 가로수 옆 잔디에 쓰러져 있던 아빠는 날이 밝아서야 발견됐다. 어쩌면 긴 밤 힘겹게 숨을 쉬었는지도 몰랐다.

승암에 사람이 죽었다는 소문이 퍼지고 둘째 큰아빠도 시신을 봤지만 동생인 줄 몰랐다. 얼굴이 피로 얼룩져 형체를 알아볼 수 없었다. 병원으로 옮긴 시신에서 얼굴 꿰맸던 자국을 발견하고 진료 기록을 찾아 신원을 알아냈다.

    다음 날 둘째 큰아빠가 아빠 시신을 경성으로 데려온다 했다. 나는 평소 아빠와 가깝게 지냈던 집을 돌며 소식을 알렸다. 둘째 큰아빠가 온다던 시간이 한참 지났는데도 아무 연락이 없었다. 저녁이 다 돼서 전화가 왔다. 경성으로 내려오려다 승암 어느 산에 묻었다 했다. 경성으로 와 봐야 열다섯 딸과 힘없는 엄마밖에 없으니 자신의 힘이 미치는 곳에서 치른다는 것이었다. 첫째 큰아빠가 있지만 늘 둘째 큰아빠가 맏이 노릇을 했다. 할머니에게 할아버지 묘도 승암으로 이장하고 할머니도 가까이서 살게 하겠다 했다. 할머니는 나를 붙잡고 너는 어찌 살라고 먼저 갔냐며 오열했다. 나는 슬프지 않았다. 그저 덤덤했다.

    아빠는 살아서 본 적도 없는 둘째 큰아빠 친구들 손에 묻혔다. 나는 장례 삼 일째 되는 날 흙이 마르지도 않은 아빠 묘 앞에 섰다. 갑자기 아빠가 어디서 툭 튀어나올 것만 같았다. 믿기지 않아 불안했다. 진짜 죽었다 생각하자 화가 났다. 가정보다 친구와 주변 사람들을 위해 살아 온 그의 끝이 비참했다.

바다에 배가 뒤집혀 죽어가는 사람을 참 많이도 살려줬는데…. 급할 때마다 찾아와 도움 받아 가던 사람들은 다 어디로 갔을까. 장례식에 참석한 외부인은 H 언니밖에 없었다.

제일 많이 운 사람은 아빠를 가장 미워했던 나였고 가장 서럽게 운 사람은 할머니였다. 평소 할머니는 아빠 태몽이 구렁이가 길을 지나다 두 동강 나는 꿈이었다며 수명이 짧을 거라 했는데, 정말 그리됐다. 한참을 울던 할머니는 제사가 끝나자 돌아앉아 그릇을 싹싹 비웠다. 옆에서 까마귀가 자기 밥도 남겨 달라고 깍깍 울었다. 장례에 참여한 여섯 명의 울음보다 까마귀 울음이 더 컸다.

모두가 전투에로

내가 살던 작은 마을을 벗어나 읍내로 가면 가로수 옆에 벽화가 그려진 콘크리트가 일정한 간격으로 세워져 있었다. 공공기관 건물 담장은 벽화를 그릴 수 있게 만들어졌고 온갖 선전용 그림과 문구가 벽을 채웠다. '결사옹위', '천리마', '청년돌격대', '위대한 수령 김일성 대원수님은 영원히 우리와 함께 계신다.' 등이 있었다. 농사철이면 밭 여기저기에 '모두가 전투에로!'라는 슬로건이 나타났다.

나라에선 나라대로 전투를 치르고 개인은 개인대로 전투를 치러야 했다. 봄엔 모내기 전투, 여름엔 김매기 전투, 가을엔 가을걷이 전투, 김장철엔 김장 전투, 겨울엔 퇴비 모으기 전투, 그 외에도 온갖 전투들이 있었다. 그중에 가장 큰 전투는 개인이 매일 치르는 생존 전투였다.

전투 시즌엔 직장에서, 학교에서 일손이 필요한 농장으로 지원을 나갔다. 그 외에도 분주원들이 길목을 지키고 있다 지나가는 사람들을 잡아 바로 논밭으로 들여보내 모내기를 시키거나, 서너 명이 될 때까지 기다렸다 농장으로 데려갔다. 일정한 간격마다 지키고 있어 어디에서 일을 했다는 증빙이 있어야 지나갈 수 있었다. 운이 나빠 못된 분주원을 만나면 하루에도 두세 번씩 잡혀 노동을 해야 했다.

모두 같이 심고 김을 매고 물도 줬으니 결국 모두의 밭이었다. 슬슬 곡식이 익어 가면 나라의 것은 내 것이고, 내 것도 나라의 것이니 모두가 주인이라는 마음으로 도둑질을 하는 사람들이 있었다. 그중에서도 농장원들이 더했다. 농장원들은 일 년 식량을 식구별로 계산해 가을에 분배를 받는데 그걸로 아이들 겨울옷이며 학용품도 사야 해서 겨울만 지나면 먹을 게 떨어졌다. 봄에 굶지 않기 위해서 가을이면 집에 가는 길에 강냉이 한 이삭이라도 훔쳐 갔다. 농장 밭에 있는 건 들키지 않고 먼저 가져가는 사람이 임자라고, 그러지 못하는 사람이 바보라 생각했다.

　우리 마을은 텃밭이 거의 없었지만 마을 바로 앞에 논밭이 있고 그 왼쪽 옆으론 넓은 무밭이 있고 오른쪽으로 강을 넘어가면 넓은 배추밭이 있었다. 마음만 먹으면 훔치기 딱 좋은 위치였지만 그동안은 고기가 잘 잡혀 도둑질을 하지 않아도 살 만했다. 점점 고기잡이가 시원치 않아지면서 김장 무, 배추는 경비에게 술과 생선을 주고 밤에 슬쩍 해 오는 사람들이 생겼다.

　나는 승암에서 아빠 장례를 치르고 바닷가 집으로 돌아왔다. 뭐라도 해야 했다. 벽지를 다 뜯고 시멘트 가루를 사다 떨어진 벽을 메우고 석회를 물에 불려 칠했다. 그동안 어른들이 하는 걸 봤던 대로 했다. 맨손으로 하루 종일 시멘트와 석회를 만졌더니 저녁쯤엔 손가락과 손바닥이 조금씩 파이기 시작했다. 쌀알이 들어갈 만큼 파인 구멍이 점점 커졌다. 손은 퉁퉁 붓고 열이 났다. 방 청소를 해야 하는데 손에 물이 닿으면 가죽을 벗겨 내는 것처럼 쓰렸다. 이불 하나 펼 자리만 겨우 청소하고 누웠다. 그러고 앓았다. 머릴 움직이면 뇌가 두개골 안에서 흔들리는 것 같고 고열이 났다. 움직이다 손이 이불에 닿으면 몸서리쳐졌다. 석회 칠을 한 벽은 밤에도 낮처럼 밝아 자꾸 눈을 뜨게 했다. 며칠 동안 손은 아예 쓸 수 없었다. 약과

밥 대신 무만 먹었다.

고등중학교에서 몇 개월 담임이었던 언니뻘 되는 선생님이 지나는 길에 우리 집에 들렀다. 내 꼴을 보곤 약을 사러 가자고 일으켰다. 선생님 자전거 뒤에 타고 장마당으로 갔다. 연탄을 땔 수 있는 화로와 약을 사고 남은 돈으로 큼직한 청포도 한 송이를 샀다. 사자마자 그 자리에서 씻지도 않은 포도를 먹어 치웠다. 편도가 부어 침도 삼키기 힘들었는데 포도는 꿀꺽꿀꺽 잘도 넘어갔다. 포도를 먹고 나니 살 것 같았다.

며칠 지나니 손도 아물어 가고 가을도 깊어 있었다. 나는 먹이를 노리는 하이에나처럼 들판을 어슬렁거리며 기회를 노렸다. 나만 그런 게 아니었다. 모두가 밭에 있는 걸 어떻게 내 것으로 만드나 궁리하는 계절이었다. 아줌마들은 만나기만 하면 김장 준비는 어느 정도 했는지 서로 물었다. 겨울엔 다른 채소나 반찬거리가 없기 때문에 한 사람당 김치 한 독은 있어야 초봄까지 날 수 있었다. 가을에 부지런해야 그만큼 봄에 배를 곯지 않았다.

어느 날 이웃집에서 무밭 경비원을 매수했다는 이야길 들었다. 초대 받진 않았지만 나도 슬쩍 동참하기로 했다. 쏟아지는 잠을 참으며 기다렸다. 열 시쯤 동네 개들이 짖기 시작했다. 나도 마대 하나 들고 집을 나섰다. 집을 나서자마자 심장이 두근거리고 생각보다 추워서 몸이 덜덜 떨렸다. 달빛이 없어 잘 보이진 않았지만 목소리를 들으니 어느 집에서 나왔는지 알 수 있었다. 남편에 아이들까지 온 식구가 다 나온 집도 있었다. 경비원을 매수했다는 집에선 아예 수레까지 끌고 나왔다.

경비원은 개미처럼 늘어선 사람들을 보고 동네 사람들을 다 끌고 왔냐며 돌아가라 했다. 아줌마들이 경비원 아저씨를 둘러싸고 채지[19]를 하게 몇 개만 뽑아 가겠다고 나중에 한잔하러 오라며 구슬렸다. 경비원 아저씨는 밭이랑을 통째로 뽑아 갈 기세라면서도 마지못해 자릴 비켜 줬다.

사람들은 거미 알처럼 밭으로 퍼졌다. 그 뒤론 눈치껏 티가 나지 않게 멀리 가 무를 뽑았다. 아이들은 밭이랑을 날아다니며 큰 무를 골라 자루에 담았다. 나는 무를 힘껏 잡으려다 손을 놨다. 칼날을 잡은 것처럼 아팠다. 그렇다고 돌아갈 순 없었다. 팔소매를 내려 손바닥을 감싸고 무를 어르듯 뽑았다. 묵직하게 담긴 자루를 어깨에 둘러메고 집으로 향했다. 손에 힘

---

19) 무채.

이 들어가지 않아 자루는 계속 흘러내렸다. 겨우 마당에 내려놓고 다시 무밭으로 뛰어갔다. 수레를 끌고 왔던 집은 한가득 쌓아 집으로 가고 있었다. 내가 두 번 왔다갔다하는 동안 다른 집들은 김장 무를 다 해결했다. 들고 올 때는 하도 무겁고 버거워 봄까지도 먹고 남겠다 싶었는데 다음 날 보니 턱없이 부족했다. 나는 그 뒤로 틈만 나면 무밭으로 나갔다.

어느 날 친할머니가 손녀가 혼자 어찌 사나 보러 왔다. 무밭은 부지를 받은 군인들이 하루 만에 다 뽑아 갔다. 할머니와 나는 무밭을 돌며 이삭을 주웠다. 작고 못생긴 무는 오가리를 만들거나 절였다. 우리는 먹을 수 있거나 땔 수 있는 것들을 집 마당으로 끌어들였다. 가을엔 쥐만큼이나 사람도 바빴다.

며칠 뒤면 돌아갈 줄 알았던 친할머니는 갈 생각을 하지 않았다. 할머니 집엔 아빠만큼이나 주정뱅이인 삼촌이 이혼하고 와 있었다. 할머니가 없으면 할머니 집을 삼촌이 팔아 버릴지도 몰랐다. 나는 혼자 마음 편히 살고 싶었다. 할머니에게 혼자서도 잘 살 수 있으니 걱정 말고 집으로 돌아가시라 했다.

마당 앞 텃밭에 씨를 뿌려 놨던 배추가 있었다. 종자를 잘못 샀는지 영양이 부족했는지 봄동처럼 퍼지기만 하고 속이 하나도 앉지 않았다. 그나마도 벌레가 듬성듬성 뜯어 먹어 구멍이 가득했지만 없는 것보단 나았다. 무를 나박나박 썰고 바닷물에 절여 놨던 배추도 썰어 김치를 담갔다. 나머지 무는 봄을 대비해 밭을 파고 묻었다. 훔칠 땐 두렵고 마음이 불편했지만 봄까지 먹을 반찬이 있다 생각하니 든든했다.

'모두가 전투에로!'

그해 나는 살아남기 위해선 전투적으로 도둑질을 해야 한다는 걸 깨달았다. 집 옆으로 뻗은 논과 밭을 보며 내년엔 더 많이 훔치리라 생각했다.

어둠 속의 어둠

 열다섯, 혼자가 된 나는 눈밭에서 뒹굴며 깔깔대기를 그만뒀다. 눈이 쌓였다는 건 나무를 쉽게 할 수 있는 기회였다. 나는 혼자 애 셋을 키우며 겨울이면 매일같이 나무하러 가는 앞집 K 엄마를 따라나섰다. 평소 긴 거리를 빨리 걸어 본 적 없는 나는 산에 도착하기도 전에 지쳤다. 산에 도착한 뒤 각자 나무를 해다 쪽발기[20]가 있는 데로 나무를 끌고 왔다. 쪽발기가 없는 나는 K 엄마가 나무를 다 실은 다음 그 위에 내 나무

---

20) 발구라고도 함. 눈 위에서 끌 수 있게 참나무로 만든 썰매 같은 기구.

를 끈으로 묶어 함께 끌고 집으로 왔다.

　불편한 대로 몇 번을 더 얹혀서 나무하러 다녔다. 어느 날 산마을에 사는 아는 삼촌이 쪽발기를 만들어 줬다. 고마운 마음만큼 쪽발기는 컸다. 힘센 성인 남자가 끌어야 할 만큼, 좀 큰 송아지가 메야 할 만큼. 무게는 또 얼마나 무겁던지. 그래도 얹혀 다니는 것보단 나으니 다음 날부터 내 쪽발기를 끌고 나무하러 갔다. 쪽발기가 크니 아무리 나무를 열심히 해도 반밖에 못 채웠다. 그것도 내겐 너무 버거운 무게였다.

　K 엄마는 장비도 가볍고 좋았지만 그동안 겨울이면 매일같이 나무를 하러 다닌 탓에 다람쥐처럼 날랬다. K 엄마 뒤를 겨우 따라다니다 나와 맞는 사람과 나무하러 다녀야겠다 생각했다. 누가 없나 물색하던 찰나에 옆집 C 엄마가 나무하러 같이 가면 안 되냐 했다. 아줌마도 몇 년 전 바다에 남편을 잃은 과부였다. 체격도 작고 약한 데다 성격도 고양이 같아 사람들과 내외했다. 집 창고에 짐을 보관해 주는 걸로 근근이 살았는데 체력이 비슷해 보이는 내가 나무하러 다니자 용기를 낸 것이었다.

　새벽같이 산으로 가는 K 엄마와 달리 우리는 세월아 네월아 출발해선 점심쯤에야 산에 도착했다. 우리는 입구에 도착해 멀지 않은 야산에 들어가 아무 나무나 막 잘랐다. 부피만 크고 화력은 약한 가느다란 나무였다. 그것도 우리로선 만족스러웠다. 금방 쪽발기가 채워졌다. 손쉽게 해 온 나무는 이틀이면 사라졌다. 다들 힘들어도 산 깊이 들어가서 굵은 나무를 해 오는 이유가 있었다. 며칠 산에 다니며 자신감이 붙은 우리는 조금씩 더 깊이 들어갔다.

나무를 하는 건 한겨울에도 땀이 줄줄 흐를 만큼 힘겹지만 좋은 점도 있었다. 바로 산에서 먹는 밥이었다. 나무를 다 해 놓고 쪽발기 위에 앉아 허리에 찼던 밥을 풀었다. 밥은 비닐봉투에 넣어 천으로 허리에 차고 다니다 먹기 전에야 풀었다. 이유는 보온 도시락이 없고, 굳으면 모래알처럼 변해 버리는 강냉이밥 때문이었다. 또 최대한 부피와 무게를 줄여야 몸이 편했다. 나뭇가지를 뚝뚝 잘라 온기를 품고 있는 밥을 먹으면 속도 차고 마음도 차올랐다. 따뜻한 물 한 모금 없이 김치와 강냉이밥뿐이지만 다디달았다.

산에서 내려올 땐 신나게 미끄러졌다. 무게가 실린 쪽발기는 경사를 타고 폭주하듯 내달렸다. 나무 위에 슬쩍 걸터앉아 발로 속도를 조절하고 끈으로 방향을 잡았다. 자칫하면 넘어져 구르기도 하고 다칠 수도 있어 조심해야 했다. 무사히 신나게 내려오고 나면 어디서 왔는지 모를 에너지로 온몸이 뜨거웠다. 그 에너지를 식히며 뚜벅뚜벅 집까지 걸어갔다.

  햇빛이 따뜻해지더니 듬성듬성 눈 녹은 땅이 드러났다. 겨울 동안 제아무리 단단하게 얼었던 눈이라도 한번 녹기 시작하면 멈출 수 없었다. 길이 질퍽거리면 수레도 끌기 어려워지고 쪽발기는 무용지물이 됐다. 그러면 눈이 다 녹을 때까지 당분간은 나무하러 가기 어려웠다.

  나는 쪽발기를 끌고, C 엄마는 수레를 끌고 아침 일찍 산으로 향했다. 눈이 한 점이라도 녹기 전에 빨리 갔다 올 계획이었다. 아침부터 해가 쨍쨍했다. 우리는 야산에 푸르게 가득 찬 소나무를 바라보다 그 속으로 들어갔다. 산림 보호원이 소나무와 잣나무는 자르지 못하게 단속한다는 걸 알았지만 어쩔 수 없었.

  우리는 티가 나지 않게 가지를 한두 개씩 자르기 시작했다. 소나무를 통째로 잘라 가는 사람들도 있는데 이 정도면 양심적이라면서. 금세 양이 찼다. 조금만 더 하고 내려가자 했는데 풀숲에 군인이 서서 우릴 지켜보고 있었다. 우리는 놀랐지만 당당하게 나무를 주워 담았다. 군인이 어이없다는 듯 나무를 싹 다 끌고 초소로 내려오라 했다. 누군데 단속을 하냐, 지금 가려고 한다 말했지만 먹히지 않았다. 불법을 저질렀으니 끌려갈 수밖에 없었다.

몇 달 전부터 훈련을 빌미 삼아 산에 천막을 치고 있는 군인들이 이제 산림 보호원인 것처럼 굴고 있었다. 초소 옆엔 다른 사람들한테서 빼앗은 나무가 쌓여 있었다. 군인이 그걸 숙소 뒤쪽으로 옮겨 놓으라 명령했다. 우리가 열심히 해 놓은 나무도 뺏겼다. 우리는 도끼와 쪽발기가 담보로 잡혀 있어 도망갈 수도 없었다. 목구멍이 억울함과 화로 부어올랐다. 잠시 버텨도 보고 사정도 해 보다 결국 시키는 대로 했다. 우리는 쌍놈의 새끼들이라고 욕을 해대며 나무를 옮겼다.

일을 다 끝내고 보니 오후 두 시쯤 됐다. 풀려난 우리는 빈 쪽발기와 수레를 끌고 뚜벅뚜벅 걸었다. 허탈했다. 배에선 꼬르륵 소리가 났다. 길 한쪽에 앉아 허리에 찼던 밥을 풀었다. 밥을 먹고 나니 힘이 났다. 그대로 집에 가기엔 억울했다. 주변에 숨어 닥치는 대로 나무를 했다. 산에서 내려오니 해가 지고 있었다. 평소에도 멀게 느껴지던 거리가 까마득했다. 거리는 금세 캄캄해지고 산 아래 마을에서 연기가 자욱이 피어올랐다. 밥을 먹자고 부르는 엄마들 목소리, 그에 맞춰 아이들이 소리 지르며 달려갔다.

 낮 동안 드러난 땅의 면적이 커졌다. 길가로 나오니 눈 반, 흙 반이었다. 눈길에선 쪽발기가 수월하게 끌리고 흙에선 수레가 쉽게 굴렀다. 눈 위에서 그런대로 굴러가는 수레와 달리 쪽발기는 흙에서 꿈쩍도 하지 않았다. 한 사람이 멈춰 움직이지 못하면 번갈아 밀어 주며 한 걸음 한 걸음 옮겼다. 힘을 써야 하는 몸에서 힘은 나오지 않았다. 코 꿰인 소처럼 움직였다.

 어스름 속에서 등대처럼 빛을 내는 집들이 보였다. 우리 마을이었다. 아줌마가 가만히 마을을 보더니 자기 집 굴뚝에서 연기가 나는 것 같다며 반색했다. 작은 마을이어서 어둠 속에서도 자기 집을 알아볼 수 있었다. 집에 있는 일곱 살 아들이 불을 때는 것 같다며, 걸음을 재촉했다. 아줌마는 갑자기 어디서 힘을 얻어 오기라도 한 것처럼 속도를 냈다. 내 눈엔 굴뚝마다 피는 연기도, 창가에 얼룩지는 불빛도 성냥팔이 소녀 눈에 비친 크리스마스 같았다. 나를 기다리는 건 캄캄한 방, 찬 바닥뿐이었다. 힘이 나지 않았다. 집까지 몇백 미터 앞이었다. 다 버리고 힘겨운 이 육체가 사라졌으면 좋겠다 싶었다.

 멀리서 아이가 서성거리더니 우리 쪽으로 왔다. 옆집 아줌마 아들 C였다. 아줌마가 어둠 속에서 밝게 웃었다. 그동안 말을 그리 안 들더니 이제 다 컸다며 자랑했다. C가 왜 이리 늦었냐며 가느다란 팔로 수레를 밀었다. 아줌마와 C는 점점 앞으로 멀어져 갔다. 길에 혼자 남은 나는 서러움이 밀려왔다. 울어 버리면 그 자리에서 주저앉을 것 같아 꾹꾹 삼켰다. 나는 왜 이렇게 살아야 하는지, 그 질문이 머릿속에 가득 찼다. 끝내 대문 앞에 섰을 땐 내 몸에 껍데기만 남은 기분이었다. 집 벽에 크게 뚫린 창문 두 개가 어둠 속에서 더 짙은 어둠으로 나를 바라봤다. 빨려 들어갈 것 같은 어둠 속에 차가운 방이 있었다. 무서증이 났다. 나는 남의 집에 들어가듯 문을 열었다. 옷과 신발만 벗고 이불 위에 그대로 누웠다. 밥을 해 먹을 힘도 나지 않아 그대로 자려 했다.

옆집에 사는 언니가 인기척을 느끼곤 저녁을 해 놨으니 얼른 건너오라 소리쳤다. 그 말 한마디에 마음이 촛농처럼 녹아내렸다. 눈물이 줄줄 흘렀다. 나는 마음과 달리 민폐 끼치기 싫어 그냥 자겠다 했다. 내가 오지 않자 형부가 데리러 왔다. 언니 집은 따듯한 온기로 가득 차 있었다. 나는 내 몫으로 남겨 놓은 국수와 가마솥에 따끈따끈하게 붙어 있는 꼬장떡[21]을 배불리 먹었다.

  따뜻한 집에서 따뜻한 음식을 먹고 나니 아무 일도 없었던 것처럼 웃음이 났다. 형부가 네 시쯤 큰 길까지 내 마중을 나갔는데 길이 엇갈린 줄 알고 그냥 돌아왔다는 말을 들었을 땐 감동이 목구멍까지 차올랐다. 진짜 언니, 형부가 생긴 기분이었다. 내 속에 깊게 뻗치던 설움은 마치 봄볕 앞의 고드름처럼 녹아내렸다. 나는 혼자였지만 혼자가 아니었다.

---

21) 강냉이 가루를 익반죽한 뒤 동글납작하게 빚어 가마솥 옆에 붙여 찐 떡.

나의 동거인 1

앞 동네 아줌마가 우리 집에 왔다. 내게 동거인을 들일 생각이 있는지 물었다. 지인을 통해 소개 받은 청진 사람인데 우리 동네에서 살며 고기를 잡을 생각이라 했다. 모르는 사람과 같이 사는 게 불편할 것 같았지만 마다할 처지가 아니었다. 아줌마가 잠시 뒤에 돌아오겠다며 우리 집을 나갔다.

30대 아저씨와 40대 아줌마를 데리고 왔다. 부부는 우리 집을 꼼꼼하게 둘러봤다. 바다를 드나들기에 좋고 방이 크니 여럿이 지내도 불편하지 않겠다며 마음에 들어 했다. 약속된 날에 아저씨네 가족은 짐을 싸 들고 왔다. 서너 살 된 여자아이도 같이 왔다. 큰딸도 있다 했다. 아줌마와 전남편 사이에서 생긴 큰딸은 청진에서 혼자 살고 있다고.

아줌마는 땅딸막하고 딱히 예쁜 구석이 없었다. 그에 반해 아저씨는 키가 180을 훌쩍 넘고 호위총국에 뽑혀 갈 정도로 집안도 좋고 인물도 훤했다. 흠이라면 혀가 짧아 발음을 꼭꼭 맺지 못했다. 모두 아줌마가 아저씨를 따라다녔을 거라 생각했지만 그 반대였다. 아저씨는 아줌마와 결혼하기 위해 가족들과도 연을 끊었다 했다.

둘 사이에 싸움은 거의 없었다. 가끔 먹는 걸로 아저씨가 투정을 부렸다. 아저씨는 체격이 좋은 만큼 식성이 좋아 뭐든 먹고 싶어 했고 아줌마는 빨리 돈을 모으는 게 목표여서 알뜰살뜰 살림을 했다. 우리 주식은 가장 부피가 크고 저렴한 알락미[22]와 두박으로 만든 된장이었다. 닭이 먹어도 알을 낳지 못해 알락미라 불리는 이 밥은 풍선처럼 불어나 보기엔 푸짐해 보였지만 몇 숟가락 뜨면 사라지고 돌아앉기 바쁘게 허기졌다. 시큼텁텁한 된장에 사카린과 기름 몇 방울, 파를 다져 넣고 반찬으로 먹었다. 아저씨가 바다에 나가면 아줌마와 나는

---

22) 안남미.

청소를 하거나 아이와 놀아 줬다.

하루는 말로만 듣던 아줌마의 큰딸이 불쑥 찾아왔다. 오자마자 혼자 굶어 죽으라는 거냐며 아줌마한테 화를 냈다. 아줌마는 집을 비우고 오면 어쩌냐며 머릴 쥐어박았다. 앙다문 입술엔 반항심이 꽉 차 있었다. 감정이 가라앉은 뒤에야 나와 인사를 나눴다. 키나 체격은 나와 비슷한데 나이는 한 살 어렸다.

첫째 딸이 오고 난 뒤 집안 분위기가 조금 불편해졌다. 아저씨는 막내와 큰딸을 차별 없이 대하려 했다. 다만 엄마와 큰딸 사이가 아주 나빠 보였다. 엄마는 엄마대로, 큰딸은 큰딸대로 묵혀 놓은 감정이 있는 듯했다. 집에서 빈둥거리는 딸을 아줌마는 나와 빗대며 혼냈다. 나이가 한 살밖에 차이 나지 않는데 어떻게 행동은 그리 차이가 나냐면서. 그때마다 모녀 사이에 묵은 감정이 올라와 싸움이 일었다. 돈만 주면 당장이라도 집을 나가 혼자 살겠다는 말로 끝났다. 한 번도 엄마 말에 말대꾸를 해 본 적 없는 내겐 그 모습이 신기했다. 어려서부터 온갖 눈치를 살피며 살았던 나와는 정반대의 친구였다. 내 눈엔 버릇없는 아이이기도 하면서 자기감정을 숨기지 않는 멋진 아이로 보였다.

며칠 사이 우린 친해졌다. 곱슬곱슬한 긴 머리가 매력적인 그 친구는 청진에선 친구들과 종종 술도 마신다며 내게 마셔 봤는지 물었다. 나는 술을 팔기는 했지만 마셔 보진 않았다. 동거인을 들이기 전부터 40프로쯤 되는 원주를 5리터씩 받아다 물을 섞어 23~25프로로 만든 다음 한 병씩 소매로 팔았다. 5리터를 팔면 술 한두 병이 수익으로 남는 장사였다. 내가 호기심에 술을 마시면 기분이 어떤지 물었더니 기분이 붕붕 뜨고 좋다며 설명해 줬다. 청진은 도시라 그런지 우리 동네보다 연애도 일찍 시작하는 거 같았다. 친구가 집에 술이 있는지 물어 얼떨결에 고개를 끄덕였다. 친구가 본인이 돈이 있으면 살 텐데 지금은 돈이 없다며 내게 한 잔만 같이 마시자고 했다. 나는 호기심에 동의했다.

우리는 살금살금 부엌으로 갔다. 아저씨와 아줌마, 막내는 아랫방에서 자고 있었다. 나는 식장에서 술 한 병을 꺼냈다. 가마솥엔 저녁에 끓여 먹었던 물돼지[23]가 조금 남아 있었다. 중국산 형광 초록색 플라스틱 잔 두 개에 가득 부었다. 친구가 시범을 보였다. 나는 친구 따라 컵을 입에 가져다 댔다. 쓰고 역한 알코올 냄새가 났다. 처음엔 이런 걸 왜 마시냐며 얼굴을

---

23) 곰치.

찡그렸다. 그러다 속이 뜨끈뜨끈해지더니 점차 웃음이 헤퍼졌다. 술김에 듣는 친구의 연애 이야기는 심장이 아플 만큼 절절하고 아름다웠다.

키득거리는 소리에 아저씨가 깨선 좋은 걸 둘만 마시냐며 옆에 와 앉았다. 나머지 술을 잔에 부어 아저씨에게 줬다. 연애 이야기는 자연스레 끊겼다. 아저씨가 같이 잔을 비우더니 이제 자자며 방으로 들어갔다. 나도 윗방으로 가려고 일어나는 순간 지구가 뒤집어지는 것 같았다. 휘청이는 몸을 겨우 바로잡고 윗방까지 올라갔다. 눕자마자 볼이 닿인 바닥이 경사져 흘러내리고 땅이 움직였다. 한참을 그 느낌에서 헤어나지 못하다 잠이 들었다. 나의 첫 술이었다. 그 뒤로는 술을 마실 일이 없었다. 나는 술을 팔아 사탕과 라면을 사 먹었다.

친구는 며칠 뒤 청진으로 돌아갔다. 아줌마네도 몇 달 뒤 돌아갔다. 우리 마을에 더 머물 이유를 찾지 못해서였다. 아줌마와 아저씨가 떠난다고 했을 때 다행히도 봄이었다. 먹고살 걱정이 태산이었지만 그래도 봄이라 다행이었다. 혼자 뭘 해도 굶어 죽을 것 같진 않았다. 아저씨와 아줌마는 추운 겨울 귀인처럼 나타나 나를 살려 주곤 떠났다.

남쪽에서 불어온 바람

 버스 맨 뒷자리에 앉아 이어폰을 꼈다. 음악 감상보다 소음 차단이 목적이었다. 아침잠이 덜 깬 도심을 일어나라고 소리치듯 쌩쌩 달리는 버스 안에서도 나는 쉽게 졸음에 빠져들었다. 몸은 꾸벅꾸벅 졸고 귀만 깨어 소음을 걸러 내고 음악만 들으려 애썼다. 신호에 버스가 멈추거나, 커브를 돌 때면 감각적으로 어디쯤인지 알 수 있었다. 그러다 찬 바람을 맞은 것처럼 세포가 깨어났다. 나도 모르게 멜로디를 흥얼거렸다.

 아저씨, 아줌마와 살던 어느 날이었다. 나는 이불을 뒤집어

쓴 채 주파수를 찾아 손을 돌렸다. 찌직찌직 잡음이 커졌다가 작아졌다. 그 사이로 여러 나라 말이 뒤섞였다. 한 지점에서 알아들을 수 있는 언어가 들렸다. 반가움에 손을 멈췄다. 머리까지 올려 덮은 이불을 잠시 들었다. 너무 긴장한 나머지 땀이 나고 숨이 찼기 때문이었다. 라디오에서 흘러나온 서울말은 매혹적이었다. 온몸의 신경이 라디오로 향하던 그때 대문 소리가 들렸다. 나는 후다닥 라디오를 윗방 구석에 가져다 놨다. 그리고 아무 짓도 안 한 것처럼 아랫목에 고양이처럼 앉아 있었다.

아저씨는 손재간이 좋았다. 망가진 부품들을 하나둘 주워 오더니 사이즈가 다른 스피커 두 짝을 붙여 라디오를 만들어 냈다. 볼품은 없지만 장마당에서 파는 라디오와 달리 서울 방송을 들을 수 있었다. 당시 판매되는 모든 라디오는 주파수를 고정시켜 평양 방송만 들을 수 있었다. 평양 방송에서 알려주는 날씨는 자주 틀려서 어부들에겐 듣지 않느니만 못했다. 아저씨는 바다로 나가기 전이면 윗방에서 몰래 서울 날씨를 들었다.

나는 그날 크기가 다른 스피커에 귀를 바짝 붙이고 남한 방송을 몰래 들었던 것이다. 나는 그 뒤로 기회만 생기면 윗방으로 달려가 라디오를 틀었다. 처음과 달리 익숙하게 주파수를 찾았고 바로 서울말이 들렸다. 하루는 라디오에서 임산부는 이것저것 불편한 게 많은데 그중에 예쁜 옷을 못 입는 게 가장 아쉽다고 여자 진행자가 말했다. 그러자 남자 진행자가 본인이 겪어 본 것처럼 임산부의 고충에 대해 맞장구를 쳤다. 이어서 땡땡 임산부님이 신청한 노래를 들려주겠다며 물러갔다. 노래가 흘러나왔다. <바람 바람 바람>이었다. 첫 멜로디만 들어도 알 수 있는 노래였다. 가슴이 몽글몽글하게 벅차올랐다. 내가 이 노래를 이미 알고 있다는 사실을 동네방네 자랑하고 싶었다.

김범룡의 <바람 바람 바람>을 처음 들은 건 초등학생 때였다. 잠깐이었지만 그때는 남한의 7080 노래가 담긴 카세트를 마음껏 들을 수 있었다. 모두 남한 노래가 아니라 연변 노래로 인식해서였다. 나는 테이프가 다 돌아가면 뒤집어 끼워 넣곤 좋아하는 노래가 들어간 테이프를 찾아 뒤적거렸다. 내가 좋아한 노래는 <얄미운 사람>, <사는 게 뭔지>, <사랑했어요>, <사랑의 미로> 등이었다. 사랑이 뭔지 알 리 없었지만 그저 사랑 노래가 좋았다.

이듬해 분주원이 검열을 나와 연변 노래가 아니라 남조선 노래라며 테이프를 압수해 갔다. 그러나 기억은 빼앗아 가지 못했다. 남한 노래는 듣지도 부르지도 말라고 엄포를 놓았지만 내 입가에서는 자주 맴돌았다. 그 노래가 삼촌의 사제 라디오에서 흘러나오고 있었던 것이다.

나는 노래를 따라 불렀다. 1절이 끝난 뒤 간주가 흐를 때 나도 모르게 후다닥 일어나 책과 연필을 가져왔다. 2절 가사를 까먹었단 걸 깨달았기 때문이었다. 노래가 다시 시작되고 가사를 받아 적었다. 빨리 쓰느라 애썼는데도 사이사이 빈칸이 남았다. 나는 한 번만 더 틀어 달라고 소리치고 싶었다. 노래는 바람처럼 내 마음을 부풀려 놓고 가 버렸다. 그 순간 잠깐 스친 행복은 나를 더 대담하게 만들었다.

얼마 뒤 기회는 다시 왔다. 나는 아무도 없는 틈을 타 라디오를 들고 아랫목으로 왔다. 그런데 삼촌이 어떻게 해 놓았는지 빨강, 초록, 노랑의 라디오 선들이 평소와는 다르게 마구 엉켜 있었다. 어떤 선을 서로 이어야 할지 몰랐다. 기억을 더듬어 빨간 선 두 개를 조심스레 붙여 봤다. 그 순간, 불꽃이 파박 튀고 펑 하는 소리가 나더니 푸른 연기가 솟았다. 등줄기에 땀이 맺히고 손이 떨렸다. 작은 호기심이 엄청난 실수를 저지른 것이었다. 나는 어쩔 줄 몰라 허둥거리다 라디오를 제자리에 옮겨 뒀다. 간절히 시간을 되돌리고 싶었지만 손에 땀만 고일 뿐 아무 것도 할 수 없었다.

나는 혼날 것이 두려워 시치미를 떼기로 했다. 다음 날 삼촌이 라디오 앞에서 뭐가 잘못된 건지 모르겠다며 한참을 씩씩거렸다. 그런 뒷모습을 보며 비밀을 품은 내 마음도 빠직빠직 타들어 갔다.

잠깐 스친 노랫말은 가슴속에 출렁이는 파도가 됐다. 몇 년 후 나는 운명의 파도를 타고 서울로 왔다. 이곳에서 새로 생긴 바람이 있다면 꽁꽁 얼어붙은 고향땅을 훨훨 날아 보는 것이다. 그곳에서 인연이 닿았던 사람들, 친구들, 친척들은 잘 살고 있는지 보고 얼굴 맞대고 밥 한 끼 먹고 싶다. 그때 바람처럼 나타나 겨울을 살아 내게 해 준 아줌마 아저씨를 만나고 싶다. 그때 라디오를 고장 낸 범인이 나였다고 미안하다 말할 것이다.

잠에서 깬 풍경이 창가를 어지럽게 스치고 오늘이라는 바람이 불었다. 그대 이름은 바람 바람 바람 날 울려 놓고 가는 바람⋯.

나의 동거인 2

~~~~~

    그토록 기다리던 소식이, 어느 날 불쑥 손님처럼 왔다. 외할머니 집에 가니 엄마와 막내 이모네 가족이 안전하다는 메시지와 돈이 와 있었다. 외할머니가 돈을 세 명의 이모 그리고 우리 자매와 할머니 몫으로 나눴다. 삼십만 원이 내 몫이라 했다. 외할머니가 갖고 있을 테니 필요할 때마다 말하라 했다. 특별히 돈 쓸 일이 없으면 열흘에 만 원씩 생활비로 받기로 했다. 쌀밥을 먹으면 조미료와 반찬거리를 살 수 없고, 조미료나 식재료를 사면 강냉이국수나 강냉이밥을 먹을 수 있는 돈이었다.

그날 김장 준비를 하라고 외할머니가 이만 원을 줬다. 나는 바로 장마당에 가서 김장용 소금, 마늘, 고춧가루, 사카린을 샀다. 그동안 그물 일을 해서 모았던 돈으론 유행하는 나팔바지와 하얀 신발을 샀다. 삼십만 원이면 일 년 안에 다 쓸 돈이었지만 마음만은 천금이 있는 것처럼 든든했다.

초여름이었다. 우리 집 대문 안으로 낯선 사람들이 들어왔다. 이번에도 동거인들이었다. 20대 초반의 언니, 몇 살 더 많은 오빠, 그리고 돌 지난 아이와 막 젖을 뗀 강아지가 한 식구였다. 이름에 '화'자가 들어가는 언니는 곱상한 얼굴, 작은 체구에 안짱다리였다. 언니, 오빠는 결혼하고 근처에 있는 친정 엄마 집에 얹혀 있다 성격이 맞지 않아 우리 집으로 왔다 했다. 오빠는 배를 탄 지 얼마 되지 않아 뱃일하는 사람들 특유의 거친 모습이 하나도 없었다.

금방 오징어 철이 다가왔다. 그해도 지난해처럼 오징어가 징그러울 정도로 많이 잡혔다. 집집마다 지붕과 빨랫줄 할 것 없이 오징어를 말렸다. 그래도 다 말리지 못하자 마을에 사는 할머니나 과부에게 오징어를 말려 달라고 부탁하기 시작했다. 자연스레 생물 오징어 10킬로를 말려 주면 1킬로를 주는 균일 가격이 생겼다. 할머니나 과부들에겐 투자금도 없이 조금의 노력과 이삼일의 시간이면 용돈을 벌 수 있는 하나의 벌이였다. 여윳돈이 있는 사람들은 저렴한 오징어를 사다 말려선 봄까지 갖고 있다 비쌀 때 팔아 이윤을 남겼다.

우리 마을은 오징어 배가 들어오는 새벽부터 오징어를 받아 손질해 말리느라 바빴다. 나도 동거인 언니를 도와 오빠가 잡아 오는 오징어를 말렸다. 앞집 K네는 오징어를 말려 주는 일만으로도 남편이 있는 집 못지않게 풍족했다. 하루는 K 아줌마가 내게 동거인들 오징어 말려 주고 뭐라도 받느냐 물었다. 딱히 말은 안 했지만 당연히 주지 않겠냐 했다. 어리다고 우습게 보고 아무것도 안 줄 수 있으니 확답을 받아 놓으라 했다.

나는 눈치를 살피다 용기 내 입을 열었다. 언니네 일을 돕는 만큼 계산하기도 애매하니 다른 사람들 오징어 말리는 일감을 받으려 한다고. 창고 지붕과 오징어 말리는 틀 두 개도 내가 써야겠다 했다. 그러자 언니는 안 그래도 오징어 철이 끝나면 일한 만큼 알아서 주려고 생각했다며 말린 오징어의 5 프로를 주겠다 약속했다. 알아서 줄 것을 괜히 말했다 싶기도 하고 한편으론 안심이 됐다.

언니는 엄마 소식은 없는지 비싸 보이는 옷을 입으면 누가 사 줬는지 묻곤 했다. 언니는 스파이거나, 스파이가 아니어도 내 말을 바로 보위부에 알릴 사람처럼 보였다. 한번은 부엌에서 같이 저녁 준비를 하고 있을 때였다. 엄마는 잘 지낸다니? 슬쩍 넘겨짚었다. 나는 뜨끔한 표정을 숨기려 화부터 냈다. 언니의 질문들이 거슬렸던 찰나에 잘됐다 싶었다. 소식 끊긴 엄마는 어디서 잘 살든 죽든 상관없다고. 내 얼굴이 뻘겋게 피어올랐다. 당황한 언니가 소식이 온 거 같아서 궁금했다며 말을 흐렸다. 나는 속으로 소식이 왔으면 왔다고 말하겠냐고 콧방귀를 꼈다.

 언니, 오빠는 자주 싸웠다. 집 살 돈은 없고 친정 엄마와는 서로 상처 주는 불편한 사이라 들어가긴 싫고. 나까지 먹여야 하는 현실은 버겁고 쌀이 떨어지거나 그물을 사야 해서 오징어를 팔아야 하는 날이면 무조건 대판 싸웠다. 오빠는 돈이 나올 데가 없으니 오징어를 팔아서 당장 닥친 문제부터 해결하자고 했다. 언니는 지금 오징어를 팔면 집은 언제 사냐며 팔지 않겠다고 버텼다. 언니 심정도 이해됐지만 오징어를 팔지 않고서는 해결할 방법이 없었다. 어린 내가 봐도 팔고 싶지 않다고 버틸 수 있는 문제가 아닌데 그러고 있으니 나 때문에 싸우는 것만 같아 불편했다. 오징어 몇 마리를 파는 것도 벌벌 떠는데 내게 5퍼센트의 오징어를 주긴 할까 의심이 들기 시작했다.

8월 중순에 들어서자 오징어잡이도 시원치 않았다. 전날에 이어 그날 아침까지도 언니, 오빠는 싸웠다. 아침밥을 해 먹고 나니 쌀이 한 톨도 남지 않았다. 쌀만 떨어진 게 아니었다. 소금 한 알도 남지 않은 상황에 된장과 땔감도 바닥을 드러낼 참이었다. 나는 뾰족한 수가 없으니 오후쯤 언니가 장마당에 가서 오징어를 팔고 쌀과 소금을 사 오겠지 생각했다. 그동안 가끔씩 팔아 생활에 보태고도, 말린 오징어가 100킬로 가까이 넘게 쌓여 있었다.

나는 시끄러운 집을 피해 앞집 K네에 가 있었다. 밖에서 일을 보고 들어오던 K 아줌마가 오늘 동거인들이 이사 가냐 물었다. 전혀 그런 말이 오간 적 없다 했다. 아줌마가 빨리 집에 가 보라 했다. 이미 짐은 소달구지에 다 실려 있었다. 내가 집을 비운 두세 시간 사이에 벌어진 일이었다. 머리를 한 대 얻어맞은 것 같았다.

허겁지겁 달려 들어오는 나를 본 언니가 인사도 못하고 갈 뻔했다며 아이를 들쳐 업었다. 이 상황에 대한 질문들이 목구멍으로 물밀듯이 올라왔다. 무슨 말부터 해야 할지 몰라 입을 열 수 없었다. 언니가 불편하더라도 친정집에 들어간다 했다. 그동안 오징어를 말려 준 거에 대해 어느 정도 수고비는 주고 싶었는데 그럴 처지가 못 된다며 미안하다 했다. 성체가 다 된 개 목에 줄을 묶어 자전거에 걸었다. 짐을 실은 소달구지는 그 사이 떠나고 없었다.

나는 텅 빈 집을 둘러보다 정신이 확 들었다. 오징어는 그렇다 쳐도 언니네가 들어올 때 있었던 쌀과 소금만큼은 채워 놓고 나가겠지. 서둘러 단지 뚜껑을 하나씩 열어 봤다. 소금 한 알, 쌀 한 톨, 국수 한 올 없었다. 사람이 어떻게 이럴 수가 있나. 화가 나서 몸이 부들부들 떨렸다. 따라가서 행패라도 부리고 싶었다.

시계를 보니 다섯 시였다. 당장 저녁에 먹을 것부터 해결해야 했다. 나는 올라오는 눈물을 간신히 누르고 K 아줌마에게 상황을 말한 뒤 자전거를 빌려 달라 했다. 아줌마네 유일한 재산이 자전거여서 아무에게도 빌려주지 않았다. 알고 있었지만 다른 방도가 없었다. 아줌마가 선뜻 자전거를 빌려줬다. 나는 아줌마에게 맡겨 뒀던 오징어도 달라고 했다.

언니, 오빠가 싸울 때마다 약속한 오징어를 주지 않을 것 같았다. 나 혼자 집에 있을 때가 가끔 있었는데 그때마다 오징어를 몇 마리씩 앞집에 맡겨 뒀었다. 그렇게 훔친 오징어가 2킬로 정도 됐다. 그 오징어를 들고 외할머니 집에 갔다. 돈을 받아 식량부터 샀다. 이럴 줄 알았으면 오징어를 내 몫만큼 빼놓는 건데. 후회가 속에서 끓었다.

그 뒤로 몇 달 동안 어떻게 복수를 할까 생각했다. 저녁에 몰래 가서 집에 불을 지를까, 내가 키우다시피 한 개에게 쥐약을 먹일까. 어떻게 하면 이 분한 마음이 풀릴까 상상하며 저주했다. 훔친 오징어가 없었다면 무슨 일이라도 만들었을 텐데 그 오징어가 내 마음에 걸렸다. 결국 나도 똑같은 인간이었다는 사실이 복수의 마음을 수그러들게 했다. 그럼에도 오랫동안 그들의 행동이 아프게 나를 찔렀다. 이젠 아무 감정도 남아 있지 않지만. 그곳에서 우린 생존에 눈먼 인간들이었다.

도둑과 경비원 1

혼자 맞는 두 번째 가을이었다. 마을 앞에 펼쳐진 무밭을 보며 가만히 있을 수 없었다. 마을 아줌마들이 굵어지는 무를 보며 눈을 흘길 때부터 나는 몇 개씩 뽑아 창고에 쟁여 두기 시작했다. 월동 준비하는 다람쥐처럼 밤낮없이 틈만 나면 무를 뽑았다. 가을이 짙어 갈수록 사람들 눈은 여러 이유로 반짝거렸다. 도둑질할 틈을 노리는 눈과 그런 사람을 보면 신고할 눈이었다.

무밭에 나갈 때마다 떨리고 심심했다. 뒷집에 사는 학교에 가지 않는 D 자매를 데리고 다녔다. 첫째는 나보다 두세 살

어리고 막내는 대여섯 살 더 어렸다. 그 집 아줌마도 혼자 아이 둘을 키우는 과부였다. 나는 어디로 튈지 모르는 꼬맹이들을 데리고 사람들이 없는 틈을 타 무밭 근처를 돌아다녔다. 내 또래 친구가 있으면 좋았겠지만 다들 학교에 가고 없었다. 또 집에 있다고 해도 부모가 자식에게 도둑질을 시키진 않았다.

하루는 술 파는 옆집 할머니가 나와 D 자매에게 집으로 오라 했다. 오라고 한 시간에 맞춰 할머니 집에 가니 굳혀 놨던 돼지기름으로 녹말 지짐이를 만들어 줬다. 유리처럼 투명한 지짐이 위에 설탕을 뿌린 뒤 반으로 접어 접시에 담아 줬다. 나는 할머니가 왜 우리에게 맛있는 걸 만들어 주는지 짐작하며 먹었다. 예상한 대로 할머니가 이따 무밭에 가면 무채를 해 먹을 만큼만 좀 뽑아 달라 했다. 우리는 그날 무밭에서 뽑아 온 무 중에 몇 개를 할머니 집에 가져다주었다. 나는 틈틈이 뽑아 온 무로 뭇국, 무채, 무밥을 해 먹고 간식으로 생 무를 먹었다. 남은 자투리나 껍질은 썰어서 오가리를 만들고 남은 무청은 벽에 걸어 말렸다.

무청이 나날이 쌓였다. 외할머니 집에 닭 모이로 쓰라고 무청을 가져갔더니 둘째 이모가 순댓집에선 매일 무청을 돈 주고 산다며 팔라 했다. 이틀쯤 모으면 무청이 한 자루 정도 나왔다. 나는 자루가 차면 외할머니 마을에 있는 순댓집에 가져다 팔았다. 길에서 농산물을 단속하는 바람에 새벽에 다녀야 했다. 그 돈으로 국수나 조미료를 사 갖고 집에 돌아왔다. 고맙게도 마을 아줌마들이 일감이 생기면 나를 찾았다. 낮에는 그물 일을 하고 밤엔 무를 훔쳐 무청을 팔아 돈을 모았다. 김장에 쓸 고춧가루와 소금 살 돈을 마련했다.

D 아줌마가 딸들에게 도둑질을 하지 말라는 바람에 며칠 동안 무를 훔치지 못했다. 그러는 사이 무밭에 경비가 서기 시작했다. 무를 수확하는 날은 하루하루 다가오고 가을밤은 점점 암흑으로 변했다. 나는 기회를 엿보며 발만 동동거렸다. 너무 어두워서 혼자선 도무지 무밭으로 갈 수 없었다. 어려서부터 깜깜한 밤엔 마당에 있는 변소에 가는 것도 무서웠는데 여전히 그랬다. 사방에 빛이라곤 달과 별밖에 없는 시골에서의 밤은 상상을 자극했고 그 상상은 곧 두려움이었다. 그믐밤엔 두려움이 극에 달했다.

혼자선 도무지 용기가 나지 않았다. D 아줌마를 설득하는 길밖에 없었다. D 아줌마에게 가서 무가 있는 날도 얼마 안 남았으니 한 번만 조심히 다녀오겠다 했다. D 자매까지 합세해 아줌마를 설득했다. 여덟 시쯤 D 자매와 무밭으로 갔다. 우리는 다른 곳에 목적지가 있는 것처럼 느긋이 걸으며 무밭 가까이로 갔다. 근처를 느리게 걷다 후다닥 밭으로 들어가 메뚜기처럼 뛰어다녔다. 일 분쯤 지났을까? 홱 호각 소리가 들렸다. 화들짝 놀란 우리는 뽑은 무도 내팽개치고 내달렸다. 순간 어디서 나타났는지 자전거를 탄 경비원이 쌩하고 달려와 우리 앞에서 브레이크를 잡았다. 뒤에도 한 명 나타났다. 앞뒤로 포위당했다. 우리는 아저씨들 기세에 눌려 더 도망갈 생각도 못하고 얼어 버렸다.

아저씨가 어린 것들이 벌써부터 도둑질을 한다며 너흰 오늘 혼이 좀 나야 한다면서 큰소리쳤다. 바로 분주소로 우리를 끌고 갈 듯 위협적인 단어를 쏟아 냈다. 나는 말로만 듣던 공개 재판을 떠올리며 벌벌 떨었다. 심장은 몸 밖으로 나온 것처럼 쿵쾅거렸다. 앞으로 벌어질 일에 대한 두려움이 납덩이처럼 나를 짓눌렀다. 꼬맹이들까지 데리고 도둑질하러 나온 내가 너무 원망스러웠다.

잘못했다고 다신 도둑질하지 않겠다고 기어 들어가는 목소리로 말했지만 아저씨들의 화는 잦아들지 않았다. 막내부터 호구 조사를 시작했다. 꼬맹이 둘은 자매고 아빠는 죽었다 하자 아저씨들의 한껏 돋은 성이 한풀 죽었다. 내게도 엄마, 아빠 이름과 직업을 물었다. 둘 다 없다 하자 요것들이 거짓말을 한다고 다시 화를 냈다. 평소 나이에 걸맞지 않게 넉살 좋은 막내가 언니 아빠는 작년에 차 사고로 죽고 엄마는 소식이 없다 크게 말했다. 아저씨들이 진짜냐고 묻자 막내가 지금 먹을 것도 땔 것도 없다고 한껏 불쌍하게 말했다. 다신 도둑질하지 않을 테니 한 번만 보내 달라는 말도 잊지 않았다. 아저씨들은 끓는 냄비에 찬물을 부은 것처럼 조용해졌다. 분위기를 감지한 우리는 참새처럼 짹짹거렸다. 어느새 우리는 도둑이 아니라 동네의 불쌍한 아이들로 그 자리에 서 있었다. 아저씨들이 뭘 먹고 사는지 물었다. A와 B 경비 아저씨 중 유독 A 아저씨가 마음이 어질어 보였다. 아저씨들이 자매에게 집에 가 엄마를 데려오라 했다.

조금 뒤 아줌마가 술 한 병과 마른 오징어 몇 마리를 들고 왔다. 아줌마는 아저씨들 앞에서 딸들을 혼내며 엄마를 돕는다고 이런다 했다. 아저씨들은 이미 마음이 풀어진 상태여서 아줌마가 들고 온 술을 받고는 털썩 앉아 오징어부터 뜯었다. 눈치를 살피던 막내가 도망치다 흘렸던 무를 슬쩍 집어 왔다. 아저씨 한 명이 엄한 목소리로 혼내는 척했지만 씨알도 먹히지 않았다.

아저씨들은 아줌마가 손이 작다며 나무랐다. 사람이 둘인데 어찌 술은 한 병이고, 요 오징어를 어느 코에 바르냐며 진담 반 농담 반으로 한마디했다. 이 말 저 말 하다 보니 아저씨들도 자식이 있는 아빠라는 걸 알게 됐다. 술을 다 마신 아저씨들이 우리가 들고 왔던 자루에 무를 더 채워 줬다. 김장 준비는 했냐고 묻곤 다른 곳으로 경비를 옮기니 그 전에 한번 도와주겠다 했다.

우리는 약속한 시간에 훔칠 채비를 하고 무밭으로 갔다. 고마운 사람들을 만나 이렇게 김장 무를 해결하게 됐다면서. 경비 아저씨들을 보자마자 자매는 삼촌을 만난 것처럼 장난을 쳤다. 아저씨들이 주변을 쭉 훑어보곤 깊숙이 들어가 좋은 걸로 뽑아 가라 했다. 밭 한가운데로 들어서자 커다란 무들이 빼곡히 박혀 있었다. 나도 D 자매들처럼 이랑 사이로 뛰어들려고 할 때였다. A 아저씨가 내게 따라오라며 무밭 옆에 울타리처럼 심겨진 옥수수밭으로 들어갔다. 나는 본능적으로 아저씨 행동에 경계심을 가졌다. 아주 짧은 시간이었다. 옥수수밭에 들어간 뒤 무슨 일이 일어나도 찍소리도 내지 못할 거란 두려움과 촌각을 다투는 현장에서 따라가지 않을 수 없는 상황을 생각했다. 무슨 일이 일어날지 모르니 그저 마음의 준비를 하고 있을 수밖에 없었다. 밤보다 더 어두운 불안을 안고 옥수수밭으로 걸음을 옮겼다.

　옥수수밭은 어둠 속에 또 다른 어둠이었다. 서걱거리는 옥수수 잎을 헤치며 들어가자 아저씨가 자루를 벌리라며 옥수수를 막 따서 자루에 넣기 시작했다. 순간 긴장했던 몸에 힘이 확 풀렸다. 가을바람이 옥수숫대를 훑고 지나갔다. 다행이라는 생각과 동시에 아저씨 행동에 뭉클했다. 무나 배추와 달리 곡식은 도둑질하다 걸리면 처벌이 몇 배는 더 셌다. 나는 감히 엄두도 못 내던 걸 아저씨가 나서서 해줬던 거다. 아저씨는 내게 얼른 옥수수로 자루를 채우고 나오라며 옥수수밭을 빠져나갔다. 나는 무서워서 옥수수를 많이 딸 수도 없었다. 자루의 밑바닥을 조금 채우고 나갔더니 아저씨가 자루를 보고 한숨을 쉬었다. 기회를 줬는데도 훔치지 못하니 답답했는지 몇 개 더 따서 자루에 막 넣었다.

　무까지 넣은 자루를 어깨에 메고 일어나려니 그냥 돌덩이였다. 도무지 무거워 일어날 수 없었다. 아저씨가 뒤에서 받쳐 들어줘서 겨우겨우 일어나 걸었지만 금세 풀썩 주저앉아 버렸다. 아저씨가 휙 둘러메고 마을 입구까지 데려다 줬다. 내게 자루를 집으로 옮긴 뒤 다시 밭으로 나오라 했다. 집까지 거리가 몇십 미터밖에 되지 않았는데 까마득했다. 너무 힘에 부쳐 김장이고 뭐고 그 자리에 다 버리고 싶었다. 젖 먹던 힘까지 끌어 쓴다는 게 이런 건가 싶었다. 시간은 나를 기다려 주지 않으니 포기하든지 힘을 쥐어짤 수밖에 없었다. 마당 안에 들어서자 갑자기 어디선가 힘이 주입되는 것 같았다. 나는 다시 무밭을 향해 뛰었다. 창고 안은 김장을 하고도 남을 무로 가득 차 있었다.

도둑과 경비원 2

～～～～～

 D 아줌마와 돈을 모아 무밭 경비 아저씨들에게 술과 담배로 고마움을 표현했다. 마을에 주점이 없으니 아저씨들은 쉬는 시간이면 자연스레 아줌마 집에서 쉬거나 한잔했다. 그러던 어느 날 아저씨들이 우리 마을 앞 논밭 경비로 배정 받았다. 나는 D 아줌마처럼 아저씨들에게 술과 공간을 제공하지 못하니 도와 달라 말하진 못하고 눈치만 살폈다.
 다음 날 밤 논밭으로 나오라 했다고 아줌마가 알려 줬다. 보름은 아니었지만 달빛이 밝은 밤이었다. 나는 아줌마 집에서 기다리다 신호를 받고 논밭으로 갔다. 둥글게 묶인 볏단들이 논밭 가운데 섬처럼 있었다. 꼭 모네의 그림처럼 쌓여 있었다. 허리를 굽히고 앞서가던 아줌마가 볏단 그림자 속으로 사라졌다. 볏단 그림자를 빼곤 멀리서도 논밭이 훤히 다 보일 정도였다. 달빛이 밝아 낮도 밤도 아닌 이상한 느낌이 들었다. 꼭 지켜보는 어떤 존재가 있는 것처럼.

  나도 몸을 굽혀 볏단 그림자 속으로 숨었다. 아줌마가 정신없이 자루에 벼를 담고 있었다. 나도 볏단을 자루에 쑤셔 넣었다. 자루는 작고 볏단은 길고 부피가 커서 얼마 들어가지 않았다. 도둑질도 해 본 놈이 안다고, 하루 종일 고민하다 고른 자루가 고작 그거였다. 그냥 볏단을 안고 뛰어 가는 게 빠를 것 같았다.

  다시 나갈 땐 제일 큰 자루로 바꿔 들고 갔다. 볏단을 자루에 담고 있는데 순찰을 돌던 경비 아저씨가 가까이 오더니 많이 했냐 물었다. 세 번째라 하자 혹여 걸려도 자기는 모르는 일이라며 곧 교대 시간이라고 말하곤 사라졌다. 아줌마와 나는 이번으로 끝내자며 자루에 벼를 넣고 각자 집으로 향했다. 우리가 움직일 때마다 동네 개들이 시끄럽게 짖어댔다. 도둑이 제발 저리다고 그러잖아도 두렵고 떨리는데 개까지 짖으니 속은 타들어 갔다. 잔뜩 긴장한 상태로 태연한 척 걸었다.

무사히 대문 안까지만 들어가면 모든 게 끝날 것이었다.

　우리 집 대문이 보이는 골목길 그 중간쯤에 섰을 때였다. 옆집 할머니 집 대문이 열리는 소리와 말소리가 들렸다. 뒤돌아 골목에 숨기도, 달려서 우리 집 대문 안으로 들어가기에도 애매한 거리였다. 나는 거리와 시간을 계산해 보곤 태연한 척 걷기로 했다. 옆집 대문에서 나온 검은 그림자가 점점 얼굴을 드러내더니 내 옆을 스쳤다. 술 냄새가 났다. 처음 보는 얼굴이었다. 한 걸음, 두 걸음 나와 멀어졌다. 대문까지 대여섯 걸음 남았을 때였다.

　"거 잠깐 멈춰 보오."

　그 사람이 되돌아 내게로 왔다. 순간 뜨거운 것을 뒤집어쓴 것처럼 열이 일었다. 하필 대문 앞에서, 그것도 술을 마시고 나오던 사람에게 들키다니. 내가 못 들은 척 그냥 가자 그 사람이 자루를 덥석 잡았다. 자루 속을 잠깐 좀 보자 했다. 나는 누군데 보자 말자 하냐고 쏘아붙였다. 이런 상황에선 당당해야 한다는 걸 고무산역에서 깨닫지 않았던가. 하지만 먹히지 않았다. 나는 앞으로 가려 하고 그 사람은 자루를 더 잡아당겼다. 알아 달라는 듯 자루 속에서 서걱거리는 볏단 소리가 들렸다. 벌어진 틈 사이로 벼가 선명히 드러났다.

"잠깐, 이거 벼 도둑 아니야? 너 딱 걸렸어. 나 여기 벼밭 경비야!"

경비라는 말을 듣는 순간 똥 밟았다, 재수 없이 걸렸구나 생각했다. 그 사람이 우리 집 대문을 보며 여기 사냐 물었다. 나는 아무 말도 하지 않았지만 내 발길이 향하던 곳을 쉽게 알 수 있었다.

그 사람이 내게 같이 좀 가야겠다며 자루를 끌었다. 누가 또 같이 도둑질을 했는지, 경비를 끼고 했는지 물었다. 나는 상황 판단을 끝내고 불쌍한 아이가 되어 사정하기로 했다. 먹을 게 없어 훔쳤는데 다신 도둑질하지 않을 테니 보내 달라 빌었다. 그 사람이 알겠으니 우선 벼를 훔친 곳에 가져다 놓으라 했다. 자루를 그대로 둘러메고 논밭으로 갔다. 시키는 대로 벼를 훔쳤던 곳에 볏단을 그대로 꺼내 났다. 자기가 경비라는 그 사람은 주변을 둘러보더니 호각을 한 번 불었다. 논밭엔 휘영청 달빛뿐 아무런 인기척도 없었다. 이중 삼중으로 경비를 서는 건지, 교대하는 시간이었는지 모르겠지만 경비는 맞는 것 같았다.

호구 조사부터 시작됐다. 가정사를 듣더니 엄마가 단련대에 있었던 그때 자기도 단련대에 있었다 했다. 알고 보니 상점

집 아들이었다. 나라에서 보급해 주는 치약이나 비누 같은 걸 타러 상점에 종종 갔었다. 우리 마을에서 멀지 않은 곳에 그 상점이 있고 상점 아주머니 집도 알고 있었다. 이름도 알고 집도 아는 사람이니 별일이야 있을까 싶었다. 다행이었다.

그 사람이 엄마에게 이렇게 큰딸이 있는 줄 몰랐다며 한참을 엄마에 대해 물었다. 또 내게 어떻게 사는지 묻더니 자루에 벼를 다시 넣으라 했다. 집에 볏단을 가져다 놓고 나오라 했다. 저 옆 더미가 찰벼라며 다음엔 찰벼를 가져가라 했다. 집에 벼를 가져다 놓고 돌아서려니 이상하게 마음이 찜찜했다. 나가지 말까 생각했다. 가을이 지나면 어디서 훔치지도 못할 텐데 눈앞에 놓인 기회를 날릴 수 없었다. 나는 다시 논밭으로 나갔다. 이번이 마지막이다 생각하면서.

내가 볏단을 챙기고 가려 하자 그 사람이 조금만 있다 가라 했다. 들키기 전에 가야겠다고 일어나자 내 손을 잡아챘다. 힘을 써서 손을 빼려 하자 그 사람은 집채보다 높게 쌓여 있는 볏단으로 밀었다. 당황한 내가 이러면 소리치겠다고 하자 픽 웃었다. 나도 알고 있었다. 내가 소리쳐 봐야 들을 사람이 없다는 걸.

그 사람이 나와 열 몇 살밖에 차이가 나지 않는데 만나지 않겠냐 했다. 서른이 돼서도 장가 못 가고 단련대나 들락거리던 머저리가 내게 저런 말을 하는 게 어처구니가 없었다. 나는 어떻게 하면 여길 빨리 벗어날 수 있을까 그 생각뿐이었다. 심기를 건드리지 말고 어르고 달래 벗어나야 했다. 내가 틈을 비집고 나가려 하면 그 사람은 다시 구석으로 나를 밀어 넣으며 점점 밀착해 왔다. 내 눈앞에 있는 그 사람은 더 이상 조금 전의 경비도, 상점 집 아들도 아니었다. 끓는 피를 주체하지 못해 버둥거리는 짐승이었다.

어쩌면 마음만 먹었다면 무슨 일이 벌어졌을지 모른다. 일말의 양심은 있었을까, 내 몸을 더듬는 것 외엔 크게 어쩌지 못했다. 그렇다고 보내 주지도 않았다. 나는 사정도 해 보고 욕도 하며 벗어나려 애썼다. 징그러운 그의 손이 다가오면 있는 힘을 다해 밀어냈다. 내 꼴이 꼭 거미줄에 걸린 잠자리 같았다. 그는 몸싸움으로 기운을 많이 써서인지, 흥분이 가라앉았는지 점차 시들해져 갔다. 그 틈을 타 역겨운 몸뚱이에서 벗어나 집으로 뛰었다. 내게 다시 안 그런다고 잘못했다고 하는 그에게 욕을 퍼부으며 도망쳤다. 집이라는 공간에 도착했을 때야 비로소 혐오와 수치와 분노가 밀려왔다. 똥통에 발이 빠졌을 때도 느끼지 못한 역겨움이었다. 다시 논밭으로 나오라 했을 때 왜 미처 생각지 못했을까, 사람은 다 경계하던 내가 어쩌다 혼자 그곳으로 갔을까. 나쁘고 어두운 감정들이 연기처럼 피어올랐다.

  다음 날도 끓는 솥처럼 감정이 내 안에서 꿈틀댔다. 그래도 할 건 해야 했다. 어디 말할 데도 없었다. 대문을 안에서 잠그고 볏단에서 벼 이삭만 가위로 잘라 내고 있었다. 대문을 꽝꽝 두드리는 소리가 들렸다. 대문을 하도 계속 두드리기에 나가 보니 그 인간이었다. 내가 왜 왔냐고 가라고 하니 벼를 잘 숨겼는지 확인하러 왔다 했다. 대문을 열지 않자 그는 그대로 뛰어 넘어 마당에 들어왔다. 나는 청동빛 얼굴에 살모사 눈을 하고 마당에 서 있었다. 창고에 쌓여 있는 무를 본 그 사람 표정이 굳어 갔다. 어제 처음 도둑질을 한 게 아니라며 빈정거렸다. 이러다 큰일 난다며 경비를 끼고 한 것 같은데 누구냐 물었다. 나는 무슨 상관이냐고 쏘아붙였다. 아무리 아이여도 내 집에선 내가 유리하다는 걸 표정으로 보여 줬다.

  그 사람은 출입문을 열고 방 안에 널브러져 있는 볏단을 보더니 인상을 팍 썼다. 자기가 만약 분주원이면 어쩔 뻔했냐며 버럭 화를 냈다. 나는 문 밖에 서서 집에 들어가지 않았다. 걸려도 그쪽 이름을 대지 않을 테니 빨리 사라져 달라 했다. 어리고 불쌍해서 도와주려고 했는데 안 도와줘도 되겠다며 시퍼런 얼굴로 나를 봤다. 도움은 필요 없고, 빨리 안 나가면 소리를 지르겠다 했다. 남은 자존심은 일그러진 얼굴과 몇 마디 욕으로 분출됐다. 버럭대며 마당에서 나가는 모습이 쥐한테 쫓기는 고양이 같았다. 그 인간을 쫓아내자 누구도 나를 내 집에선 건드릴 수 없다는 자신감이 생겼다. 어젯밤에 울던 소녀는 더 이상 없었다. 벼를 가위로 자르던 일을 마저 했다. 그 일을 떠올리면 더러운 벼를 갖다 버리고 싶었지만 알뜰히 말려 쌀로 만들었다.

 생이 이렇게 비참한 거라면 왜 살아야 할까, 비참하게 살 바엔 살고 싶지 않다고 생각했다. 그러나 하루하루를 버티면 언젠가 웃는 날이 올지도 모른다는 희망이 있었다. 그 희망은 내일 굶어 죽지는 않는다는 확신, 그 훔친 쌀에서 나왔다. 나는 입술을 앙다물었다.

파도가 지난 뒤 드러나는 마음들

해일이나 태풍 같은 것이 지나고 나면 해변엔 온갖 오물들이 밀려 나온다. 푸른 수평선과 하얗게 포말을 일으키는 파도 속에선 보이지 않던 것이다. 어디서 갑자기 생긴 게 아니다. 바람과 물결에 따라 드러나는 바다의 숨은 모습이다. 사람도 그렇다. 보이는 모습보다 보이지 않는 모습이 더 많다. 이런 모습은 상황에 따라 불쑥 튀어 나온다. 이익이 연결되거나 본성이 드러나는 상황에서 특히 그렇다.

아빠가 죽고 얼마 지나지 않았을 때였다. 대문 앞 잿더미

위에서 바다를 내다보고 있었다. 집으로 들어가던 앞집 B 아저씨가 나를 보곤 옆에 와 섰다. 밥은 먹었는지 묻더니 조금만 기다려 보라며 내게 곧 십만 원을 주겠다 했다. 그 말을 듣는 순간 속으로 코웃음이 났다. 아저씨는 우리 동네에서 돈이 많기로 손에 꼽히긴 해도 엄청난 구두쇠였다. 혹여 부조를 못한 게 마음에 걸렸더라도 십만 원은 부인을 위해서도 쓰지 않을 큰돈이었다. 나는 아저씨 말을 곧이곧대로 믿지 않았지만 고맙다 인사했다. 세상에 공짜는 없다는 말을 떠올렸다.

B 아저씨는 몇 달 굶은 짐승처럼 깡말랐다. 얼굴도 그 신체와 잘 어울리게 못생긴 사람이었다. 아이들도 아빠와 참 닮아 자세히 뜯어 봐도 예쁜 구석이 없었다. 옷이라도 잘 입혔으면 덜 했을 텐데 늘 구멍 난 옷을 그대로 입혔다. 어쩌면 평소 너무 박해서 아이들에게도 정이 가지 않았는지 몰랐다. 아저씨가 부인에게 늘 부족한 생활비를 준다는 소문이 자자했다. 또 보잘것없는 외모였지만 늘 바람을 피운다는 말도 돌았다.

B 아줌마가 나를 도와준다고 일감을 몇 번 줬다. 아줌마가 장마당에 가야 할 때면 내게 자기 집에서 일을 해 달라 부탁했다. 일도 할 겸, 집도 봐 주고 서로 도움이 됐다. 집엔 세 살, 다섯 살 된 두 딸이 있었다. 아이들은 밖에서 알아서 놀았다.

아줌마 집에서 일을 하다 아저씨와 단둘이 있게 될 때가 있었다. 나는 본능적으로 아저씨와는 거리를 둬야겠다 싶었다. 단둘이 있게 되자 곧 돈이 마련될 거라면서 아줌마에겐 비밀이라 했다. 아랫방의 반을 차지하고 일하는 내 등 뒤로 아저씨가 누웠다. 내게 뭔가 할 말이 있다며 가까이 오라 하거나 배를 드러내기도 했다. 나는 집에 볼일이 있다 하곤 그 자릴 피했다. 아저씨가 돈을 주겠다고 한 의도를 조금 더 선명히 알 수 있었다.

B 아저씨 집에서 더 일하지 않았다. 아저씨와 거리를 둔 뒤로 별다른 행동이 없었다. 어느 날 저녁, 전과 같이 잿더미에서 아저씨와 마주쳤다. 내게 이틀 뒤에 잿더미로 나오라 했다. 그때 돈을 주겠다고. 마른 흙에 물을 계속 주다 보면 보이지 않던 떠돌이 씨앗이 움트듯 내 안에도 그런 기대가 움텄다. 이틀 뒤에 주겠다고 날짜를 꼭 집은 걸 봐선 거짓말 같진 않았다. 돈을 받는 것도 언젠가 다 빚이 될 테니 반갑지만은 않았다. 하지만 주머니에 돈이 없으니 누구의 도움이든 받을 수 있으면 받아야 했다.

나는 이틀 뒤 잿더미 위에서 아저씨를 기다렸다. 하지만 아저씨는 나타나지 않았다. 그 뒤로도 오가며 얼굴을 봤지만 아무 말 없었다. 빈말에 잔뜩 기대했던 내 꼴이 꼭 바람 빠진 풍선 같았다. 잠시나마 기대했던 내가 바보 같았다. 그 뒤로 B 아저씨가 본인 집에서 일하게 된 스무 살 보망공[24] 언니와 바람을 피운다는 소문이 파다했다.

첫 번째 동거인들이 떠나고 혼자 살 때였다. 얼굴에 술기운이 불긋불긋 오른 J 아저씨가 집에 왔다. 가마솥 뚜껑을 열었다 닫으며 한숨을 푹푹 내쉬었다. 내게 뭘 먹고 사는지 묻고는 엄마 소식이 없는지 물었다. 아저씨는 우리 집과 사이가 각별했으니 엄마 소식이 왔다면 말해 줬을 텐데, 소식이 없을 때였다. 그렇게 가깝게 지내던 J 아저씨도 아빠 장례식엔 오지 않았다.

아저씨가 한껏 뜸을 들이더니 내가 앞으로 먹고 살게끔 도와주겠다 했다. 너도 이제 다 커서 알 거라며 현명하게 생각하라는 조언을 앞세웠다. 그러곤 자기와 목욕탕에 가자 했다. 순간 얼굴이 불이 난 것처럼 뜨거워졌다.

숙박업소가 거의 없는 우리 동네에선 목욕탕은 연인들이나

---

24) 그물 일을 전문적으로 하는 직업. 주로 스무 살 안팎의 여성이 함.

불륜하는 사람들이 가는 장소였다. 목욕탕 구조가 남녀 탕이 따로 있고 가족탕(혹은 부부탕이라 함)이 있는데 부부나 어린 아이를 동반한 가족이 들어갈 수 있었다. 가족탕에 들어가려면 신분증을 제시해야 했다. 북한 신분증엔 누구와 언제, 몇 번째 결혼인지까지 쓰여 있다. 떳떳하지 못한 사람들은 매표소 아주머니에게 뒷돈을 찔러주고 목욕탕으로 들어갔다. 가족탕에 들어가는 사람들 중에 진짜 부부는 손에 꼽을 정도였다. 북한은 돈이면 뭐든 가능한 곳이었다.

본인 아들보다 어린 내게, 엄마 아빠와 친구였던 사람이 내게 할 소린 아니었다. 다른 사람은 몰라도 적어도 아저씨가 내게 그러면 안됐다. 내가 큰아빠라며 따르던 사람이 내 앞에 수컷 동물로 서 있었다. 남자라는 존재가 역겨웠다.

이튿날 아저씨가 답을 들으러 집에 왔다. 술에 취해 헛소리를 한 줄 알았는데 아니었다. 벼랑 끝에 선 내가 몸뚱이라도 팔아서 살겠다고 안길 줄 알았던 것이다. 아저씨가 집에 들어오는 순간부터 본체만체했더니 민망한 얼굴로 집을 나갔다.

J 아저씨와의 일이 있고 얼마 지나지 않아서였다. 아빠가 살아 있을 때부터 우리 집 마당에 자전거를 세워 놓는 아줌마가 있었다. 아줌마가 날 보고 J 아저씨한테 엄마가 있는 곳으

로 보내 달라 했냐 물었다. 내가 소식도 모르는 엄마를 어디 가서 찾는다고 보내 달라 하겠냐, 설마 그렇다 해도 아저씨한테 부탁하진 않을 거라 했다. J 아저씨가 자기를 찾아와 내가 엄마한테 보내 달라 사정하는데 어떻게 해야 할지 모르겠다며 한숨을 쉬었다는 것이다. 나는 아저씨의 속내를 알 것 같아 쓰게 웃었다. 아줌마는 예쁘장하게 생긴 데다 쾌활한 성격에 딸 하나 키우는 과부였다. 최근에 애인과 헤어진 J 아저씨는 나나 아줌마를 건드리며 새로운 애인을 물색하는 중이었다. 나를 팔아 아줌마에게 다가가려는 속내를 생각하니 그동안 고마웠던 마음까지도 싹 사라졌다.

아줌마는 우리 집을 오가며 H 언니와 몇 번 마주친 적 있었다. H 언니가 나를 친동생처럼 챙기고 걱정하자 나 몰래 H 언니를 만나선 내 걱정은 하지 말라며 안심시켰다. 그렇게 친해진 뒤 돈 삼십만 원을 빌렸다. 며칠 뒤에 돌려주겠다던 돈을 한 달이 넘도록 주지 않았다. H 언니가 아줌마네 집을 여러 번 찾아갔지만 얼굴 보기도 힘들다며 속이 시꺼멓게 썩어 있었다.

나는 H 언니와 함께 아줌마 집으로 쳐들어갔다. 우리는 돈을 받을 때까지 가지 않겠다고 집에 들어앉아 버렸다. 언니나 나나 마음이 약해 머리채를 잡거나 집 안에 가산을 팔아치울 사람들은 못 됐다. 아줌마가 여기서 받으면 되고 저기서 받으면 된다면서 며칠만 시간을 달라고 했다. 그러곤 돈을 받으러 나가선 집에 돌아오지 않았다.

열 살쯤 된 아줌마 딸과 셋이 집에서 지냈다. 바닥이 보이던 식량을 다 먹은 뒤엔 우리가 식량을 사다 아줌마 딸까지 먹이는 상황이 됐다. 나는 감기에 걸렸는지 영양 상태 때문인지 머리가 아프고 숨을 쉴 때마다 마늘 썩은 냄새가 났다. 우리는 닷새 만에 무조건 받고야 말겠다던 호기롭던 의지를 버리고 각자 집으로 돌아갔다. H 언니는 그 돈을 몇 년에 걸쳐 어렵게 받았다. 결국 아줌마도 착한 사기꾼이었다.

세 번째 동거인은 신혼부부였다. 우리 집 근처에 있는 부대 경리 삼촌과 황해도가 고향인 언니가 결혼한 뒤, 집이 나올 때까지 잠시 머물 곳이 필요하다며 앞집 아줌마가 소개해 줬다. 경리 삼촌이 우리 집을 먼저 와서 쭉 훑어보더니 마음에 든다고 살겠다 했다. 군인들이 나무를 싣고 올 텐데 아끼지 말고 불을 때라 했다. 그날 저녁쯤 군인들이 나무를 가득 싣고 와선 마당에 부려 놓고 갔다.

    이틀쯤 지나 배가 부른 언니와 길동무로 같이 온 여동생이 우리 집에 조심스럽게 들어왔다. 삼촌은 분주하게 왔다 갔다 하며 필요한 쌀이며 식재료를 가져왔다. 여동생은 며칠 뒤 돌아가 셋이 지냈다. 삼촌과 언니가 윗방으로 올라가고 아랫방은 나 혼자 독차지했다. 살림을 똑 부러지게 하는 경리 삼촌 덕에 집은 하루 세 번 불을 때고 먹을 것도 떨어지지 않았다. 시간이 지날수록 내 볼은 빵빵하게 차올랐다. 마을 아줌마들은 살이 오른 나를 보며 경리 삼촌 가족이 오래 있으면 좋겠다 했다. 나도 같은 마음이었다.

    어느 날 새벽, 소곤거리는 소리에 깼다. 어떤 육감이라고 할까, 꼭 비슷한 상황에선 밤의 쥐처럼 깨어 있었다. 삼촌이 언니에게 며칠 뒤 이사 가자 했다. 가슴이 두근거렸다. 걱정 없이 따뜻하게 지내던 이 생활도 끝이구나 생각하니 겁이 났다. 앞으로 또 어떻게 살아갈까 그려 봤다. 출산을 하고 몇 달은 더 있다 가겠다 했는데 아무래도 남의 집에서 출산하기 불편했던 것 같았다.

    삼촌네는 며칠 뒤 짐을 쌌다. 경리 삼촌이 우리 집에 왔을 때 거의 텅텅 비어 있었으니 있는 걸 다 가져갈 거라 생각했다. 식량을 조금이라도 남겨 달라 말하려니 입이 떨어지지 않았다. 선한 마음에 기댈 수밖에 없었다. 마음을 믿다 뒤통수를 맞은 적도 있었지만.

큰 짐들을 차에 먼저 실었다. 그러곤 식량과 살림살이를 챙기기 시작했다. 경리 삼촌이 저울을 들고 이것저것 재면서 쌀 4킬로, 두부콩 5킬로, 말린 버섯은 3분의 일, 소금과 고춧가루, 기름까지 덜어냈다. 일주일 정도 땔 나무도 남겼다. 더 많이 남겨 주지 못해 미안하다며 나중에 도움이 필요하면 찾아오라 했다. 코끝이 찡했다. 나와 고작 한두 달 같이 산 게 전부였는데. 고맙다는 말로는 다 표현 못할 감동이 몸을 돌아 눈물로 흘렀다. 삼촌은 언니와 친동생처럼 지내면 좋겠다며 나중에 꼭 집에 놀러 오라 했다.

한 달쯤 지나 경리 삼촌이 집에 왔다. 언니가 딸을 낳았다고 놀러 오라 했다. 집 위치를 알려 주며 언제 올 건지 물었다. 나는 곧 가겠다 말하곤 가지 못했다. 얼마 지나지 않아 브로커를 따라 탈북하게 됐으니까. 길을 떠나기 전 한 번은 가 볼까 생각도 했다. 하지만 내가 사라지면 다녀간 집들이 조사 대상이 될 것이기에 가지 않았다. 탈북하지 않았다면, 경리 삼촌네 아기를 보러 양말이라도 사 들고 갔을 거다. 어쩌면 정말 언니 동생처럼 지냈을지도 모른다.

    바다가 태풍을 만나 드러나는 쓰레기들처럼 우리네 모습도 그랬다. 그런 의미에서 인간은 바다를 닮았는지도 모른다. 숨겨진 진짜 모습은 파도가 치면 그때야 알 수 있으니까.

벽보 밑에 넣어 둔 양말

나는 주머니 속에 든 이천 원 지폐를 만지작거리며 옷 매장부터 돌았다. 진열된 아동복은 몇 벌 없었고, 예쁘다 싶은 옷은 만 원이 넘었다. 장마당을 한 바퀴 돌았을 땐 해가 서쪽 봉우리 위에 걸려 있었다. 가로등도 전등도 없는 장마당은 해가 지면 짐을 싸는 장사꾼들과, 짐을 들어 주러 마중 나온 가족들, 뒤늦게 장 보러 온 사람들로 아수라장이 됐다. 그 틈으로 꽃제비들은 물을 가르는 오리처럼 인파를 가르며 도둑질할 틈을 노렸기 때문에 정신을 똑바로 차려야 했다.

나는 마음이 급해져 빠르게 아동복 쪽으로 다시 발길을 돌렸다. 그새 무겁거나 부피가 큰 쌀, 도자기, 성인복 매장은 짐을 싸기 시작했다. 반찬 매대 쪽은 두부밥, 인조고기[25] 볶음, 까나리 볶음 등을 저렴하게 준다고 목소리를 높였다. 부피도 무게도 적은 양말 매장도 그때까지 펼쳐져 있었다. 다시 양말 매장으로 찾아온 나를 보고 장사꾼 아줌마가 이만 한 게 없다며 빨간 꽃무늬가 촌스럽게 찍힌 양말을 내 앞으로 밀었다. 학생인 내가 돈이 없어 보였는지 비슷한 양말만 찾아 보여 줬다. 나는 우물쭈물 미리 봐 뒀던 양말을 만지작거렸다. 저렴한 양말을 사고 생활비를 남길지, 용돈을 다 털어 마음에 드는 양말을 살지 고민했다.

아주머니가 슬슬 끝에 진열한 어른 양말부터 보자기에 싸기 시작했다. 옆에 앉은 아줌마는 먼저 간다며 마중 나온 남편 자전거에 짐을 실었다. 나는 쫓기듯 빨간 무늬 양말을 밀어내고 흰 양말을 손에 쥐었다. 주머니에 있던 돈을 꺼내 값을 치르고 나니 얼마 안 되는 잔돈만 남았다. 발목 끝부분을 하늘색 꽃잎 모양으로 두른 하얗고 두터운 양말을 손에 쥐고 장마당을 나섰다. 그동안 틈틈이 그물을 손질해 주고 번 돈이었다.

---

25) 콩고기.

내 손으로 동생 선물을 샀다는 데 가슴이 벅찼다. 어둠이 깔리는 장마당 골목골목엔 집으로 돌아가는 사람들이 개미처럼 늘어서 있었다.

어느새 굴뚝마다 매캐한 연기가 피어올랐다. 나는 들뜬 걸음으로 동생을 만나러 외할머니 집으로 갔다. 한 달 뒤면 브로커와 길을 떠나야 했기 때문에 동생과 하룻밤 보내려는 심산으로 늦은 시간에 들렀다. 동생 생일도 한참 남았는데 서둘러 생일 선물을 산 이유도 거기 있었다.

둘째 이모가 밥상을 차리며 늦었으니 자고 가라 했다. 자고 가라는 이모 말에 기분이 좋았다. 밥을 반쯤 먹었을 때였다. 외할머니가 집은 어쩌고 왔는지 물었다. 평소 외출할 때처럼 출입문에 열쇠를 잠그고 대문은 안에서 걸고 담장을 넘어왔다 했다. 외할머니가 가마솥은 빼놓고 왔는지 물었다. 나는 구멍이 난 알루미늄 가마솥인지, 아주 쪼그마한 쇠가마를 말하는지, 개 뜨물을 끓이는 큰 가마솥을 말하는지 몰라 어리벙벙했다. 우리 집에 있는 가마솥은 도둑이 와도 가져갈 만큼 좋은 게 아니었다. 숨겨 놓을 가치가 더욱 없었다.

그때부터였다. 빨랫줄처럼 긴 외할머니 잔소리가 시작됐다.

아카시아 가시로 콕콕 찌르는 것 같은 말을 한참 듣고 나니 몸에 가시가 돋는 것 같았다. 나는 미련하게 일어나지도 못하고 쏟아 내는 말들을 다 받아 내곤 눈물을 떨궜다. 눈치를 보던 둘째 이모가 더 늦기 전에 얼른 바닷가 집에 내려가라 했다.

부푼 마음으로 샀던 동생 양말을 벽보 밑에 밀어 넣고 일어났다. 그리고 도망치듯 빠져나와 가로등도 없는 시골길을 두 시간 가까이 걸었다. 다행히 그믐밤은 아니었다. 사방에 눈이 쌓인 덕에 반쪽 자리 달빛과 별빛만으로도 앞이 어느 정도 보였다. 그날 나는 밤하늘의 별을 보며 외할머니 집에 다시는 가지 않겠다 맹세했다. 처음 하는 맹세도 아니었다.

외할머니 집에 다시 갔을 때 벽보를 들어 봤다. 양말이 보이지 않았다. 그때 동생이, 신었던 흔적이 남은 그 양말을 꺼내 들었다. 자길 주려고 샀다는 걸 이미 알고 있었다. 둘째 이모가 동생에게 '언니 고맙습니다.'를 시켰다. 동생이 인사를 하곤 아껴 신을 거라며 다시 장롱에 넣었다. 내가 줄 수 있는 게 양말뿐이어서 또 그걸 좋아하는 동생 모습에 마음이 미어졌다.

카카오톡에 아는 동생 생일이 떴다. 뭘 보낼지 고민하다 치

킨 쿠폰을 보냈다. 생각해 보니 그동안 지인들과 주고받은 선물이 세지 못할 만큼 많다. 선물을 떠올리면 벽보 밑에 숨겨 둔 초라한 양말이 생각난다. 지금이라면 동생에게 더 좋은 선물을 해 줄 수 있을 텐데…. 말만 하면 뭐든 다 해 줄 텐데. 나는 언제쯤 동생 선물을 살 수 있을까. 언제면 이 생이별이 상봉이란 단어로 마침표를 찍을까.

몇 밤이면 될까

~~~~~~~

높게 뻗은 콩대에 말라비틀어진 강낭콩 줄기가 그대로 붙어 있었다. 키가 넘는 울바자와 울바자 사이 돌이 깔린 길, 두 사람이 나란히 걸을 수 없는 좁은 골목. 외할머니 집으로 들어가는 길이었다. 매번 다시 오지 않겠다 다짐했지만 나는 또 와 있었다. 정말 마지막이면 하는 마음이 들었다.

대문을 열고 목에 두른 수건을 풀며 동생 이름을 불렀다. 놀란 닭이 닭장을 헤집고 날아오르는 것처럼 집 안이 부산스러웠다. 이내 출입문을 쾅 열고 "언니야!" 하며 여섯 살 된 동생이 달려 나왔다. 맨발로 나오려는 동생을 보고 서둘러 집 안으로 들어갔다. 둘째 이모가 웃으며 무슨 계집애 목소리가 대장부 같은지 모르겠다며 동생에게 목소리를 낮추라 했다. 동생은 고개를 끄덕일 뿐 다시 목소리를 키웠다.

동생이 나를 앉혀 놓고 새로 배운 노래를 부르고, 암송한 시를 낭독하고 공책에 오이, 가지, 토마토 이런 단어들을 썼다. 더 보여 줄 게 없자 작은 엉덩이를 내 허벅지에 올려놓고 앉았다. 아기 때 말랑말랑하던 살은 어디 가고 뼈만 느껴졌다. 동생이 외할머니 집에서 산 지도 삼 년째인데 그 시간의 세 배는 크고 무거워진 것 같았다. 너무 커 버린 동생을 보며 함께하지 못한 시간이 코끝을 건드렸다. 그런 마음과 달리 살 없는 동생 엉덩이는 날카로웠다. 나는 더 참을 수 없어 동생을 바닥에 내려 앉혔다. 동생이 눈치를 살피며 다시 엉덩이를 내 품으로 들이밀었다. 해가 질 때쯤 집에 가려고 하자 외할머니가 자고 가라 했다. 내게 처음으로 자고 가라 한 것이었다.

저녁 내내 찰거머리처럼 붙어 있던 동생은 잘 때가 되니 내 품엔 잘 오지도 않았다. 나는 외할머니와 아랫목에 한 이불을 덮고 누웠다. 동생은 베개를 안고 어디로 갈지 눈치를 보다 외할머니와 내가 이야길 하는 것 같으면 우리 이불 속을 들추고 들어왔다. 그러나 금방 싫증을 느끼곤 윗방에 있는 둘째 이모,

이모부 품으로 갔다. 그날 밤만은 내 품에 오기를 바랐는데 동생은 평소처럼 이모부 품에서 잠들었다.

    외할머니의 앙상한 손이 더듬거리며 내 손을 찾고는 한참을 그대로 있었다. "못난 부모 만나 고생 많았다. 앞으로 안 좋은 기억은 잊고 잘 살아라. 사람 일은 또 어찌 될지 모르니 몸조심하고." 목소리보다 손이 더 떨렸다. 마른 장작 같던 외할머니는 소리 없이 눈물을 흘렸다. 매정하던 외할머니의 따뜻한 말 때문이었을까. 이제 더 이상 예전처럼 살지 않아도 된다는 어떤 희망 때문이었을까. 앞으로 펼쳐질 두려움 때문이었을까. 나는 눈물로 베개를 적시다 잠들었다.

    다음 날 아침상에 계란 지짐이 두 개가 올랐다. 하나는 몸이 약한 둘째 이모부 몫이고 하나는 내 밥그릇 위에 올려졌다. 동생이 나와 내 밥그릇에 번갈아 눈길을 보냈다. 내가 계란을 갈라 동생에게 주려고 하자 외할머니와 이모가 이구동성으로 너나 먹으라 했다. 눈치를 살피던 동생이 언니가 먹어야 한다며 입맛을 다셨다. 나는 동생에게 계란을 줄 수도, 먹을 수도 없었다. 그러다 빨리 먹으라는 외할머니 재촉에 계란을 목구멍으로 욱여넣었다.

식사가 끝나고 둘째 이모부는 다녀와서 다시 보자며 출근했다. 전기가 들어오자 동생은 내가 왔을 때처럼 목소리를 높였다. 윗방에 있는 티브이 앞으로 달려가 능숙하게 전원을 켜고 음악 디브이디를 찾아 틀었다. 동생이 티브이에 정신을 판 사이 이모와 외할머니와 나는 풀어진 국수오리[26] 같은 말들을 주고받았다. 마지막이라 할 수도 없고, 그렇다고 아니라고 할 수도 없는 이별 앞에 말보다 감정이 먼저 올라왔다. 둘째 이모가 애써 웃으며 무사히 다녀오라며 눈물을 찍어 냈다. 나는 고개만 끄덕거렸다.

더 있으면 눈물을 참지 못할 것 같아 일어나 옷을 입었다. 이상한 분위기를 감지한 동생이 옷을 입는 내 곁을 맴돌며 언제 또 오냐고 물었다. 나는 생각할 틈도 없이 열 밤만 자면 또 올 거라 말했다. 동생이 작은 손가락을 활짝 펼치고 하나, 둘 숫자를 셌다. 목구멍에서 주먹이 올라오는 듯한 구토감이 느껴졌다. 올라오는 것은 음식물이 아니라 감정의 덩어리였다. 나는 급히 동생을 등지고 신발을 신었다.

"할머니 말씀 잘 듣고, 공부 잘하고… 알았지?"

---

26) 국숫발의 북한말.

내 목소리를 들은 동생이 울음을 터트렸다. 자기도 따라가겠다며 빨간 동복을 꺼내 들고 나를 따라나섰다. 나는 바짓가랑이를 붙잡는 동생을 떼어 놓고 도망치듯 마당으로 나왔다.

"언니야, 가지 마! 가지 마!"

동생이 엉엉 울며 출입문을 열고 맨발로 나오려 했다. 외할머니와 둘째 이모가 동생을 붙잡고 출입문을 닫았다. 뒤돌아 동생 얼굴을 보고 싶었지만 눈물이 가득 찬 눈으로 아무것도 볼 수 없었다. 누군가 보기라도 할까 봐 얼른 대문을 나섰다. 순간 소나기처럼 눈물이 후드득 떨어졌다. 땅이 일렁거렸. 집 안에선 정말 열 밤만 자면 언니가 오냐고 되묻는 동생 목소리가 들렸다.

나는 한참 뒤에야 그 순간이 모두와 이별인 걸 알았다.

바람이 된 약속

귤을 먹을 때마다 생각나는 사람이 있다. 나는 날씨가 추워지면 귤을 상자째 사 놓고 따뜻한 방에 앉아 그 사람 소원을 먹는다. 그 사람은 더 이상 꾸지 않는 꿈을 나는 아직도 붙잡고 있다.

아빠의 죽음을 가장 슬퍼했던 건 직접 장례를 치른 둘째 큰아빠였다. 장례가 끝나고 모여 앉았다. 큰아빠가 나를 데려다 키우겠다 했다. 외동딸인 사촌 언니도 곧 시집을 보낼 거고, 나도 몇 년 뒤 성인이 될 테니 철도에 직업을 얻어 주면 된다고.

친할머니와 내가 가까이에 살 수 있게 큰아빠네 근처에 있는 집 하나를 사 주겠다 했다. 그 말을 들은 큰엄마의 표정이 좋지 않았다. 외가 대표로 온 셋째 이모부도 아무 말 없었다.

나는 상황을 살피다 혼자서도 살 수 있다 했다. 집 주변에 농장과 밭이 있고 그 옆엔 바다가 있으니 뭘 해서든 먹고살 수 있다고 말했다. 큰아빠가 정말 괜찮겠냐며 여러 번 되물었다. 나는 혼자 살아야만 하는 진짜 이유를 숨기고 그럴 수 있다 했다. 큰엄마가 열다섯이면 다 컸으니 우선은 지켜보자 했다. 큰아빠가 혼자 살다 어려운 일이 생기면 주저하지 말고 찾아오라 했다.

며칠 뒤 큰아빠가 쥐여 준 용돈을 들고 집으로 돌아왔다. 마침 가을걷이가 시작됐다. 나는 눈만 뜨면 이삭을 주울 수 있는 밭으로 나갔다. 집에 아빠가 없으니 그나마 드문드문 찾아오던 사람들의 발길도 뚝 끊겼다.

모두가 나를 외면할 때 나를 챙겨준 사람이 H 언니였다. 언니는 엄마가 있을 때나 아빠가 죽은 뒤에나 그대로였다. 나는 H 언니를 만나면 평소 꾹꾹 누르던 마음을 풀고 웃을 수 있었다. H 언니는 외로워하는 날 위해 종종 우리 집에 와서 자고 갔다. 그때마다 돌아가선 크게 앓았다. 우리 집은 바깥만큼 추웠고 언니는 약골이었다.

일 년쯤 지나 엄마한테서 무사하다는 안부와 돈이 왔을 때였다. 셋째 이모네가 나를 데려다 키우고 싶다는 말을 꺼냈다. 외할머니와 동생을 부양하던 둘째 이모부가 노발대발했다. 데려다 키울 거면 아빠가 죽었을 때 데려갔어야지 속 보이게 뭐하는 거냐면서. 셋째 이모 마음이 꼭 잇속 때문은 아니었을지라도 좋게 보이지 않았다. 진짜 힘든 고비는 다 지나기도 했고 몇 달 뒤엔 성인이 될 터였다.

이번엔 브로커가 왔다. 엄마가 나를 찾는다 했다. 나는 갑작스럽게 떠날 준비를 해야 했다. 떠나기 일주일 전 H 언니 집을 찾아갔다. H 언니가 하던 일을 마무리 짓고 밖에 나가자 했다. 우리 엄마가 탈북한 뒤부터 H 언니 엄마가 나를 싫어하는 눈치였다. H 언니도 탈북하게 될까 봐 걱정스러웠던 것이다.

우리는 장마당을 한 바퀴 돌았다. 이월의 추위에도 사과, 배, 귤을 쌓아 놓은 곳은 가을 같았다. 나는 내게 전부인 오백 원을 꺼내 귤 두 알을 샀다. 국수로 이틀을 살 수 있는 돈이었다. 우리는 사람이 없는 골목으로 들어가 귤을 까먹었다. 바람이 골목을 지나가면 눈물이 핑 돌고 숨을 쉴 수 없었다. 추위서 귤 맛이 신지 단지 맛을 구분하기조차 어려웠다. 귤을 먹고 나니 더 추워졌다. 나는 목구멍까지 올라오는 떠난다는 말을 삼키고 또 만나자 했다.

집에 돌아와 이불 위에 그대로 누웠다. 마음이 모래탑처럼 흘러내렸다. 정작 무엇이 흐르는지 알 수도 없었다. 지난날들이 서럽고 아프다가도 다가올 날들이 두렵고 기다려졌다. 파란색 벽지에 해묵은 파리똥이 가득한 천장을 보고 있는데 대문 소리가 들렸다. H 언니가 나를 부르며 대문 안으로 들어왔다. 나는 깜짝 놀라 맨발로 나갈 뻔했다. 언니 자전거 바구니에 장작, 쌀, 인조고기가 들어 있었다. 분명 용돈을 다 털어 사 온 게 틀림없었다.

어떻게 왔냐고 물으니 언니는 귤을 살 때부터 알아챘다고 했다. 말하지 못해 꽉 막혔던 속이 스르르 풀렸다. 그날 저녁 우리는 집에 있는 모든 걸 때려 넣고 연탄 냄비에 죽을 끓였다. 남아 있던 콩으로 산 계란과 두부도 넣었다. 콧등이 빨갛게 물드는 추운 집에서 하얀 김을 내뿜으며 죽을 먹었다. 그리곤 이불 두 개를 겹쳐 덮고 그대로 누웠다. 언니가 귤을 실컷 먹으며 드라마를 원 없이 볼 수 있는 곳에서 다시 만나자 했다. 별이 떴다 지는 동안 지킬 수 없는 많은 약속이 오갔다.

집을 떠나는 날, 나는 집을 한 바퀴 둘러보고 출입문을 잠갔다. 도둑이 와도 훔쳐갈 것 하나 없는 벽과 지붕뿐이었다. 나는 대문을 안에서 잠그고 대문을 뛰어 넘었다. 마지막이라 생각하니 모든 게 새로웠다. 무수히 걸었던 길을 여러 번 뒤돌아 봤다. 나는 그 길을 따라 한국까지 왔다.

나는 언니가 꿈꾸던 세상에서 매일 그리운 사람들과 이별하며 살아간다.

두 번째 국경

라오스는 탈북 과정 중 마지막 정거장이었다. 태국, 베트남으로 통했던 탈북 루트가 라오스에도 생기고, 탈북민들이 앞다퉈 라오스 한국 대사관으로 찾아들었다. 우리가 라오스에 도착했을 땐 대사관이 포화 상태라 한인 식당을 임시 거처로 사용했다. 가운데 정원과 분수가 있고 건물이 빙 둘러져 있는 꽤 큰 식당이었다. 그중 한쪽 건물 2층이 우리 숙소였다.

대사관 직원이 무사히 도착한 걸 축하한다며 환영 인사를 했다. 식탁마다 한식이 차려졌다. 그동안 쌓인 멀미와 긴장이 된장국 한 모금에 싹 날아갔다. 우리는 살았다는 안도와 어떤 설렘으로 들떠 있었다. 여기저기서 손을 들고 된장찌개와 김치를 더 달라 했다. 나중엔 부끄러울 정도였다.

식사가 끝나고 한 아저씨가 고백할 것이 있다면서 일어났다. 본인이 스파이라고 했다. 여기저기서 술렁술렁했다. 아줌마들이, 우리가 잡혔을 때 신고한 사람이 아저씨였냐 쏘아붙였다. 아저씨가 그건 아니라 했다. 중국에서 잡혀 취조 받던 중 한국으로 넘어가는 사람들 틈에 잠입하라는 임무를 받고 풀려났다고. 곤명까지 무사히 오고 나선 본인도 탈북하려 마음먹었다는 것이었다. 탈북자를 잡기 위해 탈북자를 미끼로 쓴다는 건 다들 알고 있었다. 그래서 출발할 때 휴대폰이며 짐 검사를 매번 했다. 아줌마들이 아저씨처럼 얼뚠한[27] 사람을 스파이로 쓸 바보가 어디 있냐며 아저씨 입을 막아 버렸다.

아줌마들이 말한 그날 밤, 우리는 중국과 라오스 국경을 넘기로 되어 있었다. 우리 일행은 아이까지 열여덟 명이었다. 곤명까지 무사히 도착하자 다들 안도의 숨을 내쉬었다. 곧 탈북이라는 위험천만한 대장정이 끝날 참이었다. 열여덟 명이 묵

---

27) 멍하다는 함북 사투리.

을 수 있는 여관을 찾아 들어갔다. 밤까지 여관방에서 기다리기만 하면 됐다.

　우리 방엔 중국에서 십 년 넘게 살았던 언니 두 명과 스파이라 자백한 아저씨가 있었다. 함께 도시락을 먹었다. 이제 진짜 위험한 고비는 다 끝났다며 아저씨가 아리랑을 불렀다. 어깨춤까지 추며 들썩거렸다. 여행을 온 것처럼 농담을 주고받았다. 그때 옆방 언니가 들어오더니 공안이 나타났다 말하곤 나갔다. 마른하늘에 벼락이 치는 것 같았다. 사람들이 복도로 밀려 나왔다. 여기저기 헤집으며 도망갈 길을 분주히 찾았다. 유일한 길이 창문이었다. 창문을 열어 보니 이층이었는데 삼층은 되는 높이었다. 바닥은 아스팔트 도로였다. 우리는 도망갈 수 없으니 태연하게 도시락을 먹기로 했다. 긴장하지 말라고 서로 다독이며 각자 방으로 들어갔다.

　경찰이 우리 방에 들어와 중국어로 뭐라 뭐라 했다. 언니들도 중국어로 대꾸했다. 언니가 신분증을 보여 주자 경찰이 내게 말을 걸었다. 나는 알아듣지도 못하고 얼어 있었다. 경찰이 나가자 언니가 짐을 챙겨 나오라 했다며 욕을 뱉었다. 여기저기서 통곡 소리가 터졌다. 중국에 있는 자식 이름을 부르며 또 길을 떠난 자신을 원망했다. 나는 다른 사람들처럼 울며 좌절

하지 않았다. 동생에게 돌아간다 생각하니 오히려 마음이 가벼웠다. 다음엔 동생을 꼭 데리고 탈북해야지 생각했다.

경찰서에 가서 보니 내 또래 두 명이 없었다. 인원이 맞냐 묻는 경찰에겐 열여섯이 전부라 했다. 같은 방 아줌마 말이, 경찰이 닥치자 둘은 창문으로 뛰어내렸는데 발목을 다친 것 같다 했다. 우리 중 누군가 신고를 했는지, 의심스러운 상황은 없었는지 서로 캐물었다. 리더 역할을 했던 언니가, 여관 사장이 퇴실도 한참 남았는데 먼저 계산해 달라 했다며 그년인 것 같다 했다. 눈빛들이 날카로웠다. 아저씨가 아리랑을 부른 것도 춤을 춘 것도 방정맞게 한 행동이라고 질타했다.

중국어를 할 줄 아는 언니들이 경찰과 협상을 시도했다. 사투리 때문에 서로 잘 알아듣지 못했다. 시골 경찰이라 그런지 탈북민들의 존재도 모르는 눈치였다. 경찰이 이름부터 여기까지 온 연유를 쓰라고 종이와 펜을 주고 나갔다. 우리에 갇힌 짐승처럼 그 안에서 서로 아웅다웅했다. 본명을 쓸 건지, 사실대로 전부 쓸 건지에 대해.

삼십 분쯤 지났을까, 경찰이 들어오더니 우리에게 뭐라 했다. 언니가 중국어로 진짜냐 되물었다. 내가 알아들을 수 있는 중국어 몇 마디 중 하나였다. 말을 알아들은 사람들은 한마디씩 했다. 나는 옆에 서 있는 아줌마에게 뭐라 말하는지 물었다. 경찰이 우릴 보고 그냥 가라 했다고 알려 줬다. 누군가는 국경을 넘는 순간 다시 잡으려는 함정이라 했다. 이 상황을 어떻게 받아들일지 옥신각신했다.

경찰이 다시 잡지 않으니 가라 했다. 다들 눈치를 살피며 주섬주섬 짐을 챙겼다. 그리곤 어느 누구라 할 것 없이 출입문으로 튀어 나갔다. 육상 선수라도 그렇게 빨랐을까. 두셋씩 찢어져 동서남북으로 뛰었다. 나는 중국어를 할 줄 아는 언니 뒤를 따랐다. 내게 저리 가라고 따라오지 말라 했다. 위험한 상황에 중국어도 모르는 나를 누가 반기겠는가. 내가 짐이라는 걸 뻔히 알아 따라가는 내 마음도 편치는 않았다.

순식간에 모두 자취를 감췄다. 나는 친하게 지냈던 아줌마 가족을 따라갔다. 아줌마네 가족은 연변에서 제일 먼저 만난 일행이었다. 얼굴을 본 적 없는 내 작은 할아버지쯤 되는 분이 한국 브로커였고, 출발 전에 아줌마에게 나를 잘 챙겨 달라 부탁했었다.

우리는 어느 조용한 골목에 도착해서야 숨을 돌렸다. 중국어를 못하는 일행 넷이 모인 것이었다. 우선 한국에 전화를 해야 했다. 다행히 휴대폰 가게가 근처에 있었다. 아줌마네는 돈이 없다 했다. 나는 속옷에 넣어 뒀던 비상금 천오백 원에서 중에 칠백 원을 꺼냈다. 그 돈으로 휴대폰을 사 브로커와 연락을 취했다.

공원에 숨어 있는 우리 옆으로 숨바꼭질하듯 어떤 사람이 다가왔다. 우릴 보고 중국어로 말을 걸었다. 우리는 부요, 팅부동(아니다, 모른다) 하며 아는 단어를 총동원해 손사래를 쳤다. 그가 가더니 일행 중 한 명을 데려왔다. 언니가 이 사람이 곤명 브로커라 했다. 숨은 사람들을 찾아 밤에 국경을 넘는다 했다. 그 뒤로 우리는 브로커와 숨어버린 일행을 찾아다녔다. 한 명씩 찾아선 거리를 두고 개미처럼 이동했다. 창문에서 뛰어내린 두 명 빼곤 다 모였다. 우리가 잡혀가자 근처에 있던 브로커가 따라와 경찰에게 뒷돈을 줬단다. 우리가 경찰서 앞에 나와 있으면 차에 태워 이동하려 했다는 것이었다. 모두 놀란 토끼처럼 뿔뿔이 사라질 줄 몰랐다며 왜 도망을 쳤는지 이해하지 못했다.

그날 밤 우리는 라오스와 중국 국경을 넘었다. 차 두 대로 나눠 타고 산 근처까지 이동했다. 뒤차가 오지 않아 한참을 기다렸다. 잡힌 줄 알고 그냥 가려는데 그때서야 왔다. 중간에 경비 차량이 나타나 다들 차에서 내려 숲에 숨어 있었다 했다.

산 한가운데 불빛이 보이고 개 짖는 소리가 들렸다. 경비 초소였다. 꽁꽁 언 하얀 두만강과는 다른 캄캄한 열대우림이었다. 낭떠러지를 아슬아슬하게 걷고, 가느다란 나무 다리도 건너고, 길에 파 놓은 구덩이에 푹푹 빠지기도 하며 이동했다. 경비 초소와 가까워졌다 멀어졌다.

어느 산 중턱 길에 올라서자 국경을 넘었다 했다. 준비된 트럭에 브로커들까지 꽉 찼다. 사람 무릎에 사람이 앉고, 남자들은 트렁크에 들어갔다. 골뱅이처럼 뱅글뱅글 산을 돌았다. 여기저기 왝왝거리는 소리가 들렸다. 국경을 넘는 것만큼이나 힘든 멀미로 마침표를 찍었다. 라오스 어느 여관에 들어간 뒤, 브로커는 한국 대사관에 전화하곤 떠났다.

우리는 한 달 정도 식당에 머물다 대사관으로 들어갔다. 삼백 명 가까이 되는 사람들이 방 서너 개를 나눠 생활했다. 우리에게 주어진 공간은 잠을 자는 건물과 그 앞에 펼쳐진 사각형의 마당뿐이었다. 구경거리라곤 아줌마들의 중국 이야기와 가끔 일어나는 싸움, 밤마다 피어나는 청년들의 연애였다.

북한에서 라오스로 탈북민들이 모여드는 걸 눈치채곤 라오스 정부에 우리를 북송시키라고 요청했다. 대사관 직원들이 한 사람씩 불러 한국에 가길 희망하는지 면담했다. 대사관에 들어온 팀별로 한국에 보내던 기존 방식과 달리 열 명씩 끊어 보낸다 했다. 벌금 이백 달러를 내는 것도 그때 생겼다. 언니들은 귀걸이, 목걸이를 사고팔았다. 나는 엄마 전화번호를 대사관 사람에게 알려 줬다. 환율과 수수료 때문에 팔 달러가 부족했다. 돈이 다 차지 않으면 비행기를 탈 수 없었다. 다들 돈을 빠듯하게 마련하고 남는 돈이 없었다. 우리 뒤로 들어온 한국어가 서툰 친구가 부족한 돈을 채워 줬다. 2주 뒤면 한국에 입국한다던 일정이 몇 달 뒤로 미뤄졌다. 갇힌 공간에서 오로지 기다림으로 채워야 하는 하루는 일 년처럼 길었다.

그날은 내 생일이었다. 대사관 관저 잔디밭 한가운데 플루메리아 두 그루가 있고 담 옆엔 네댓 그루의 야자수 나무가 있었다. 산책하러 나온 내 발 앞에 은행잎처럼 샛노란 코코넛이 떨어져 있었다. 종종 누렇게 뜬 코코넛이 떨어지긴 했지만 샛노란 코코넛은 떨어진 적 없었다. 무엇보다 떨어진 코코넛은 늘 다른 사람들이 발견하곤 했다. 내 앞에 놓인 코코넛을 보는 순간 이건 생일 선물이구나 싶었다. 멀리서 기도하고 있을 엄마가 보내 준 것 같았다. 잡혔다 풀려난 우리도 놀랐지만 소식을 전해 들은 한국의 친척들도 놀라긴 매한가지였을 테니. 가뜩이나 심장이 약한 엄마는 드러누웠을 게 뻔했다. 그리고 무사히 오기를 간절히 기도하고 있다는 걸 육감으로 느낄 수 있었다.

나는 더위도 잊고 코코넛을 뜯기 시작했다. 한참을 납작한 돌로 찧고 손으로 뜯었다. 나와 함께 중국을 넘어온 언니, 이모들과 한 조각씩 나눠 먹었다. 다시 태어나는 생일이었다.

대한

———

봄이 오려나 보다

우리의 시간은 흐르고

풀어진 태엽을 다시 채웠다. 오랫동안 멈춰 있던 초침이 더듬거리며 움직였다. 째깍째깍, 멈춰 있던 나의 시간도 거꾸로 흘러갔다.

어느 날 집에 놀러온 H 언니 팔목에 처음 보는 시계가 걸려 있었다. 검은 가죽에 육각형으로 된 작은 시계였다. 여태 본 시계 중 가장 작고 예뻤다. 시계의 동그란 유리 안에 작은 점들이 옹기종기 둘러앉아 있었고 알 수 없는 영어도 새겨져 있었다. DIAMOND. 그 문자의 뜻을 알게 된 것은 한참 뒤였다.

띠동갑인 H 언니와의 인연은 내가 태어나기 전부터 시작됐다. 엄마와 아빠를 맺어준 사람이 H 언니 아버지였다. H 언니는 자연스레 엄마를 언니, 아빠를 삼촌이라 부르며 따랐다. 언니는 고등중학교를 졸업한 뒤부터 우리 집에 부쩍 자주 왔다. 어느 날 놀러온 언니에게 아빠가 용돈 벌이로 생선을 팔아보라 했다. 그렇게 언니는 장사를 시작했고 매일이다시피 우리 집에 왔다. 형제자매가 없어 외롭던 나는 언니를 친언니처럼 졸졸 따라다녔다.

언니 손목에 걸린 시계를 본 순간부터 내 눈엔 시계만 보였다. 내가 언니 팔목을 만지작거리면 언니는 나를 떼어 놓으려 시계를 벗어 줬다. 그럴 때면 나는 대문 밖으로 뛰어나가선 최대한 늦게 돌아왔다. 엄마가 시계를 탐내는 내게 야단치는 날이면 입을 삐죽 내밀고 눈물을 흘렸다. 시계를 팔목에 차면 꼭 어른이 된 것만 같았다. 시계를 갖고 싶었던 건 어쩌면 빨리 어른이 되고 싶은 마음이었는지도 몰랐다.

햇볕이 따듯한 어느 날이었다. 그날따라 엄마와 언니가 소곤소곤 이야기를 계속 나눴다. 자전거를 끌고 마당을 나서던 H 언니가 나를 불렀다. 대뜸 시계 줄까? 하고 물었다. 귀한 시계를 내게 줄 리 없다 생각했지만 나도 모르게 고개가 끄덕여졌다. 언니가 팔목에서 시계를 풀더니 정말로 내게 줬다. 나는 꿈만 같아 시계 찬 팔을 휘저으며 여기저기 쏘다녔다. 들뜬 마음이 진정되고 집에 돌아왔는데 불안한 예감이 들었다. 그날 우리 집 벽시계가 멈췄다.

며칠 뒤 엄마는 말도 없이 집을 나가선 오래도록 소식이 없었다. 언니는 생선 파는 일을 그만두고 직장에 들어갔다. 우리 집으로 오던 발길도 뜸해졌다.

그 후로 여러 해가 지났다. 주변에 많은 것이 바뀌었지만 언니와 언니가 준 시계는 그대로였다.

엄마가 보낸 브로커를 만나러 가던 날, 시계부터 팔목에 찼다. 두만강을 넘을 때도, 중국의 낯선 향신료를 밀어낼 때도, 밤낮없이 달리던 버스에서 신물을 삼킬 때도 팔목에 시계가 있었다. 탈북은 언제 끝날지 모르는 긴 여행이었다. 이동할 때마다 가방 속 짐은 줄어들었다. 떠나는 여관방엔 한숨처럼 옷가지들이 남겨졌다. 내 가방엔 곤명에서 갈아입을 여름 옷 한 벌, 속옷 한 벌만 남았다. 나는 짐 정리가 끝나면 시계태엽부터 감았다. 그런 나를 보고 중국에서 몇 년씩 살았던 언니들이 남한에 가면 버릴 것을 왜 챙기냐 했다. 엄마가 훨씬 더 좋은 시계를 사 줄 거라면서.

탈북 일정의 막바지인 곤명으로 가는 기차 안이었다. 화장실에서 세수를 하는데 시계가 툭 떨어졌다. 그동안 땀에 절어 가죽이 시계 알을 놔 버렸다. 더는 이 고단한 길을 못 가겠다는 듯, 너 혼자 가라는 것처럼 떨어졌다. 나는 줄 끊어진 시계를 버릴까 고민하다 가죽 줄을 떼 내고 시계 알만 바지 주머니에 넣었다. 시계 알은 나무로 된 의자에서 엉덩이를 꾹꾹 찔러 댔고 침대 버스에서 잘 때면 주머니에서 빠져나오지 않을까 신경 쓰였다.

그렇게 며칠, 나는 중국과 라오스 사이의 국경을 넘어 한국 대사관에 도착했다. 긴장이 풀리고 동남아 무더위에 땀이 샘솟던 날, 시계는 남은 태엽을 남겨 둔 채 멈춰 버렸다. 그때 나는 꼭 사람이 죽은 것 같은 허전함을 느꼈다.

한국에 도착하고 나선 멈춘 시계를 볼 틈이 없었다. 이곳에선 모든 게 처음이라는 버거운 시간의 연속이었다. 어느 날 친구를 만났는데 친구 팔목에 새 시계가 차여 있었다. 자연스럽게 이야기는 시계로 흘러갔다. 나는 고향에서 가져온 시계가 있는데 고장 났지만 버릴 수 없다 했다. 추억도 추억이지만 고향에서 가져온 유일한 물건이었다. 친구가 시계를 수리해 주겠다며 달라더니 몇 주 뒤 정말 새것처럼 고쳐서 가져다줬다.

검은 가죽 줄에 노란 테를 두른 육각형의 시계. 초침은

DIAMOND라는 영문을 뱅글뱅글 돌았다. 그동안 시계 속에 멈춰 있었던 그리움도 살아났다. 아팠지만 한여름 밤 같았던 유년의 시간과 H 언니와의 추억이 유리알 속에서 다이아몬드처럼 반짝거렸다. 우리 다시 만난다면, 그래서 멈춰 있던 우리의 시간이 다시 흐른다면…. 나는 기도하듯 태엽을 감았다.

붉은 것들

얼마 전 집에서 멀지 않은 곳에 있는 허름한 가게를 인수했다. 페인트칠을 새로 하고 의자, 테이블도 사서 채웠다. 창가 앞에 칙칙하게 있던 데코는 뜯어내 작은 화단을 만들었다. 모든 창은 빛이 잘 들게 통유리로 바꿨다. 언제부턴가 햇빛이 잘 들고 화단과 책이 있는 카페가 막연한 로망이었는데 작게나마 이룰 수 있어 뿌듯했다.

화단 틀을 만들자마자 과천 화훼 단지에 가서 수국, 목련, 작약, 백일홍, 은쑥, 서양톱풀, 사계 코스모스, 니코블루, 고광나무, 핫립세이지와 몇 가지 허브 종류를 사다 심었다. 전 주인이 물려주고 간 빈 화분엔 억새풀, 핑크뮬리, 레몬나무, 미니 장미를 심어 빈 공간을 채웠다.

어느 날 가게 밖에서 모르는 할머니가 나를 향해 손짓을 했다. 손님으로 왔던 할머니인 줄 알고 눈인사를 보내고 할 일을 했다. 일을 마치고 뒤돌아보니 내게 여전히 손짓을 하고 있었다. 나오라는 손짓 같았다. 내가 나가자 할머니는 검은 봉투에서 풀을 한 움큼 꺼냈다. 시장 진열대에 놓인 쑥갓처럼 줄기가 뚝뚝 부러져 있는 풀이었다.

"채송화야. 뿌리가 없어도 아무데서나 잘 자라. 그냥 흙에 꽂아만 두면 알아서 크다 꽃도 피워. 화단 가꾸는 거 보니 꽃 좋아하는 거 같아서."

할머니는 짐을 부려 놓듯 채송화를 덜어 주고 갔다. 나는 얼떨결에 분갈이 삽을 찾아 들고 빈 화분에 채송화를 심었다. 채송화에 대해 아는 게 하나도 없다는 생각이 문득 들었다. 화분에 심고 보니 모양새가 마음에 들지 않았다. 껍질을 발라 놓은 생고구마 순처럼 생긴 줄기에 말랑말랑하고 통통한 잎은 할머니 말처럼 생명력이 강해 보이지도 않았다. 조심스럽게 심는데도 뚝뚝 줄기가 부러지더니 흙 위로 힘없이 쓰러졌다.

며칠 뒤 장마가 시작됐다. 거리는 한낮에도 밤처럼 어둡고 정적만 흘렀다. 손님이 가뭄에 콩 나듯 했지만 내겐 식물을 들여다볼 여유는 없었다. 지하는 아니지만 살짝 지대가 낮은 카페로 물이 들어올까 전전긍긍했다. 가게 근처 전통 시장이 침수됐다는 소식과 근처 빌라가 무너졌다는 소식에 덜컥 겁이 나 손님 없는 가게를 비울 수도 없었다. 다행히 창고 구석에 비가 새는 것 말곤 탈 없이 장마가 끝났다.

먹 같던 하늘이 조금은 밝아진 날이었다. 가게 문 비밀번호를 누르다 손이 멈췄다. 전날 저녁까지 느끼지 못했던 뭔가가 눈에 들어왔다. 화분에 채송화 다섯 송이가 펴 있었다. 구름이 태양을 가려 명도가 낮은 공간에 채도 높은 붉음은 세상의 중심인 것처럼 존재감을 드러냈다. 나는 주문에라도 걸린 것처럼 채송화 옆에 쪼그리고 앉았다.

나는 먼 길을 돌아 여기에 와 있다. 가끔씩 벅찬 현실 위로 이 채송화 같은 붉은 기억이 번진다. 잠자는 동생 이마에 내려앉아 피를 빨아 먹고는 배가 불러 잘 날지 못하던 모기를 잡아 죽이면서 씩씩거렸던 기억. 바닷가 언덕에 동산처럼 한가득 피던 붉은 해당화, 겨울이면 그 해당화처럼 붉던 동생의 볼… 그런 동생의 볼이 좋았던 어린 나. 동생 옷을 깁다 바늘에 찔려 손끝에 피던 붉은 핏방울. 생선 창자를 따다 자주 가시에 찔리던 손. 잡혀 온 엄마 등 뒤로 찬란하던 석양. 중국 공안만 보면 붉은 피가 손끝에 다 모이는 듯했던 순간들. 시간을 되돌릴 수만 있다면 죽더라도 동생을 데리고 떠났을 거란 생각….

 나는 가끔 붉은 기억 속으로 헤매곤 한다.

엄마가 싫어하는 명절

나는 추석 때마다 파주 출판단지에 있는 북스테이에 즐겨 간다. 많은 곳 중 파주를 선택한 이유는 집에서 멀지도 않고, 인적 드문 출판단지의 한적함과 석양이 보이는 게스트하우스의 창이 마음에 들어서다. 어쩌면 북쪽으로 끌리는 마음 때문인지도 모른다. 그곳과 조금은 가까워지니까.

출판단지 정거장에 내렸다. 텅 빈 도로에 나보다 오래 살았을 것 같은 참나무들이 가지런히 서 있고, 성격 급한 도토리들은 먼저 떨어져 아스팔트 위를 뒹굴었다. 나는 최대한 느리게 숙소 쪽으로 걸었다. 책 모서리에 박혀 있었던 출판사들이 스쳐 지나갔다. 풀벌레 울음소리로 꽉 찬 거리에 움직이는 건 나밖에 없었다. 나는 낯설 틈도 없이 소리와 가을 햇살과 살랑이는 바람에 그리움마저 벗어 버렸다.

잔디밭에 캠핑 용품이 듬성듬성 놓인 카페가 보였다. 캠핑 의자에 앉을까 머뭇하다 실내로 들어갔다. 카페엔 야자 화분들이 사람 대신 공간을 채우고 있었다. 북쪽을 향한 벽엔 액자식 창이 가로로 길게 나 있고 파란 하늘이 걸려 있었다. 세로가 짧은 창은 하늘을 더 멀리, 더 짙어 보이게 했다. 하늘을 보니 송창식 아저씨의 <푸르른 날>이 떠올랐다. 그래 하늘이 푸르른 날엔 그리운 사람이나 그리워하자. 나는 높아지는 마음에 이어폰을 꽂고 노래를 들었다.

노랫말에 평소 꾹꾹 눌러놓은 마음이 풀어지기 시작했다. 고향과 동생과 유년시절의 기억들이 엉켜들었다. 엄마도 명절이라 고향 생각이 날 텐데…. 엄마 카톡 상태 메시지를 들여다봤다. 아니나 다를까 '나는 명절이 싫다.'였다.

엄마에게 전화를 걸었다. 엄마가 전화를 받자마자 나는 "나도 명절이 싫어."라고 평소보다 크게 말했다. 엄마의 웃음소리가 한참 들렸다. 웃음이 끊기자 너는 시댁이 있는 것도 아닌데 왜 명절이 싫으냐 했다. 나는 대답 대신 이어폰을 귀에 꼭 들어맞게 다시 끼웠다. 시작종이 울린 것처럼 엄마의 이야기 보따리가 풀리기 시작했다.

"말도 말아라. 명절이면 매번 불린 쌀을 머리에 이고 한 시간 되는 길을 걸어서 정미소에 갔잖아. 명절 전이라고 전기를 풀어 줘도 정전이 얼마나 자주 되는지. 전기가 들어오지 않으면 기다리다 못해 방앗간에 가서 방아질했지. 방앗간 집 기억나니? 방아가 너무 커서 사람 셋은 필요했잖아. 동네 아줌마들 모아서 한 사람씩 돌아가면서 방아 찧었어. 두 명은 밟고 한 명은 쓸고, 어두워지면 보이지도 않는데 그냥 손으로 더듬거리며 했지 뭐야. 너는 어릴 때 왜 그렇게 찡찡거리는지 엄마한테 딱 달라붙어서 떨어지면 울어 대고. 그땐 얼마나 밉살스러웠는지… 엄마 힘든 줄도 모르고 업혀야 입 다물고. 무겁긴 좀 무거웠니? 한 번 업으면 어깨에 퍼렇게 피멍이 들었으니까. 오죽하면 동네에서 전국 우량아 대회에 내보내라 했겠니. 여자애라서 나중에 창피한 기억이 될까 봐 안 나갔지. 나갔으면 일 등 했어. 하하 이젠 다 옛말이다."

엄마의 고달픔이 내겐 달달한 추억이었다. 나는 명절이 다가오면 달력에 동그라미를 그리고 손을 꼽아 가며 기다렸다. 추석은 풍성해서 좋았고 설은 어떤 설렘이 있었다. 미리 깨끗하게 준비해 놓은 옷을 차려 입고 만나는 사람마다 새해를 축하한다고 주고받던 그 인사도, 온통 하얗던 길과 산도, 준비한 음식과 술을 들고 동네를 돌며 세배하던 발걸음도.

설 인사를 다 하고 나면 우리 집 접시엔 색도 맛도 다른 음식들이 가득 모였다. 같은 콩나물 반찬이라도 집마다 달랐다. 이건 어느 집에서 만든 반찬이라고 알아맞히며 먹던 풍경은 이젠 찾아볼 수 없게 됐다. 내게 명절은 맛난 음식이 가득한 즐겁고 배부른 날이었는데 그 뒤엔 엄마의 수고가 쌓여 있었던 것이다.

"거기다 요리하는 건 어디 쉽니? 부엌에 내려가서 불 피우고 올라와서 요리하고, 남의 집 마당에 가서 물 길어 오고, 니 애비란 인간은 손가락 하나 까딱 안 하고 어디 나가 술이나 마시고 오지… 남편이라서 체면은 지켜 줘야 해서 매번 음식 들고 시댁에 인사 가야 하지. 그러고 외할머니 집에 인사 가면 한 오 분 앉아 있나? 슬며시 쓱 사라져선 어디 가서 술에 취해 한밤중에 집에 온다. 그것도 외갓집엔 서너 번 가더니 아예 가지 않더라. 지가 음식 준비를 하니 애를 봐주기라도 하니 물을 길어다 주기라도 하니. 몇 년 지나 참다 참다 화가 나서 너 친할머니, 친할아버지 앞에서 차라리 과부면 좋겠다고 말했다.

남편이 없으면 시집 살림이라도 안 할 텐데, 없느니만 못하다고 막 그랬어. 그땐 악에 받쳐서 도덕이고 체면이고 뭐고 없었어. 시부모들은 어떻게 아들이 그 모양인데 정신 차리라고 말 한마디 안 하는지. 그렇게 십칠 년을 살았으니 명절이 싫지. 엄마도 처음부터 명절이 싫지는 않았어. 돈도 못 벌면서 퍼 주기 좋아하고, 맨날 외상 술 마시고 싸움박질하고 집에서 폭력 휘두르는 그런 인간이랑 살다 보니 점점 명절이 싫어진 거지. 엄마는 명절이 올 때면 징글징글했어. 아직도 나는 명절만 되면 그때 생각이 나서 반갑지 않다. 너는 좋은 곳에서 명절 음식을 하지 않아도 되고 복 받았지. 얼마나 좋니? 결혼도 하고 싶음 하고, 하기 싫음 안 하고. 너는 몸 편히 마음 편히 살아라."

엄마의 이야기는 눈물로 끝날 때가 많은데 이날은 소나기처럼 쏟아 내곤 차분해졌다.

한복 입은 앵커가 연휴 동안 이루어질 대이동을 설명할 때면 나는 엄마가 그렇게 싫어하는 고향에 가고 싶어진다. 엄마가 죽으려고 뛰어 들었던 내 고향 바다에 가고 싶어지고, 엄마가 꿈에서도 몸서리치는 아빠라는 사람이 묻힌 그곳에 가고 싶어진다. 엄마는 생각만 해도 징글징글하다는 그곳이 왜 내 겐 사무치는 그리움일까. 왜 나는 상처뿐인 벌거숭이 땅에 이 토록 가고 싶은 걸까.

    나는 내 속에 사는 그리움이라는 새 한 마리를 파주에 풀어 놓고 일상으로 돌아왔다.

바다가 준 선물

언제부턴지 모르지만 바다를 한 바퀴 도는 게 일과이자 취미가 되었다. 겨울 추위가 조금 가시면 보기만 해도 추운 하얀 파도에 봄 미역이 둥둥 떠다녔다. 우리 마을에서 조금 떨어진 곳에 바위가 많아 미역이 많이 자랐다. 미역을 채취하는 과정에서 떨어지거나 파도에 떨어진 미역이 떠돌다 기슭으로 밀려 나왔다. 김칫독이 바닥을 드러내고 언 땅이 녹기 전 가장 먼저 봄을 알리는 식재료가 미역이었다.

나는 틈만 나면 해변을 따라 걸었다. 북쪽으로 삼사십 분 걷다 보면 강과 바다가 만나는 곳이 나왔다. 늪을 이루다 소뿔처럼 힘이 센 물이 바닷속으로 전진하는 곳이었다. 사람들은 거길 개치라 불렀다. 개치는 좁은 만큼 물살이 세고 깊어 쉽게 넘을 수 있는 곳이 아니었다. 나는 개치까지 걸어갔다 돌아오며 미역이나 조개를 주웠다.

    내가 어릴 땐 기슭에 조개가 참 많이 나왔다. 조금 걷다 보면 어느새 주머니는 불룩해져 아래로 처졌다. 주워 간 조개는 엄마가 숯불이 남은 아궁이에 넣어 구워 주거나 가마솥에 쪄 줬다. 이름도 모양새도 맛도 제각각인 조개를 호호 불어 가며 까먹는 재미는 어떤 놀이에도 비길 수 없었다. 누가 등 떠밀지 않아도 매일 해변에 나가는 이유였다. 날씨가 궂고 파도가 높은 날은 주먹만 한 조개가 파도에 막 굴러다녔다. 그런 날은 지나가던 어른도 합류해 조개를 주웠고 경쟁자가 생긴 나는 갈매기 동공처럼 눈을 크게 뜨고 뛰어다녔다.

    가끔 핑크빛 새우(젓새우)가 기슭을 따라 수묵화의 산마루처럼 선을 그었다. 먼저 발견한 사람은 조용히 빠르게 식구들을 동원해 필요한 장비를 챙겨 바다로 달렸다. 그 모습을 본 사람은 뭔지도 모르면서 바다로 뛰었다. 사람이 많으면 내 몫이 줄어들기 때문에 최대한 들키지 않게 재빨리 움직였다. 눈치 싸움이었다. 새우를 줍는 데는 빗자루와 쓰레받기, 소랭이[28]가 필수였다. 새우를 빗자루로 살살 쓸어 소랭이에 담았다가, 바닷물을 담아 물에 뜨는 새우를 건져 냈다. 그렇게 여러 번 반복하면 뽀얀 핑크빛의 새우만 남았다.

어떤 날은 파도가 하얗게 보일 정도로 새우가 밀려나왔다. 그런 날은 강가에서 물고기를 잡던 반두와 국수 채까지 들고 뛰어 나와 새우를 건졌다. 어른, 아이 할 것 없이 바짓가랑이를 걷어 올리고 첨벙거리며 새우를 건지는 게 놀이이자 경쟁이었다. 다 줍고 나서 얼마 되지 않으면 필요한 사람에게 몰아줬다. 옷이 젖은 아이들은 입은 옷 그대로 바다와 한 몸이 됐다.

내겐 이런 시간이 꼭 마을 운동회 같았다. 바다가 던져 주는 공은 계절마다 달랐다. 늦가을엔 은어 알이 밀려 나왔고 여름엔 오징어가 밀려 나왔다.

내가 어릴 때였다. 기슭에서 엄청 큰 뱀 같은 것이 파도에 얻어맞고 뒹굴기를 반복하고 있었다. 너무 크고 무서워서 근처에 가지는 못하다 지켜보니 뱀은 아닌 것 같았다. 나는 집에 달려와 아빠한테 일렀다. 누군가 그 틈에 주워 갔을까 봐 긴장

---

28) 대야.

했는데 다행히 그 자리에 있었다. 아빠가 나무 꼬챙이로 건드려 확인해 보더니 붕장어라 했다. 내 키만큼 큰 장어를 든 아빠도 나도 기분이 좋았다.

엄마는 장어탕을 끓였고 아빠는 딸이 장어를 잡았다고 동네 아저씨를 데려와 술상을 차렸다. 내 그릇에 장어 한 토막이 담겼는데 임연수만큼이나 두껍고 살이 많았다. 장어가 다른 생선에 비해 기름지고 고소하다는 걸 그때 알았다.

그 뒤로 장마철에 눈 먼 숭어 한 마리를 주웠다. 그걸 가지고 집에 오는데 누가 빼앗을까 봐 겁이 나서 심장이 밖으로 튀어나오는 줄 알았다. 그렇게 큰 생선을 내 손으로 주운 건 처음이었다. 비도 오고 할 일이 없어 낮잠을 자고 있는 엄마 아빠에게 요란스럽게 숭어를 보여 줬다. 엄마가 그러잖아도 먹을 게 떨어졌는데 잘됐다며 그걸 팔아 국수를 샀다. 나는 엄마에게 도움이 된 것 같아 들떴다.

가장 큰 보물은 저녁 해변을 따라 펼쳐진 은빛 향연이었다. 운이 좋으면 일 년에 몇 번 정도 볼 수 있었는데 해 질 녘이나 해가 뜨기 전에만 나왔다. 오징어잡이 배가 나가고 나면 북적거리던 해변이 조용해졌다. 우리는 멀어져 가는 배를 바라보다 더위도 식힐 겸 낮보다 따뜻해진 바다에서 수영을 했다. 물놀이를 하다 해변에 하얗게 반짝이는 것이 보이면 번개처럼 달려갔다. 그건 파도에 밀려 기슭까지 나온 멸치가 펄떡펄떡 뛰는 것이었다. 다시 파도가 밀려와 물이 차면 멸치는 파도를 따라 바다로 들어갔다. 우리에게 주어진 시간은 파도와 파도 그 사이 몇 초뿐이었다. 멸치를 잡으려면 전속력으로 달려 잽싸게 잡아야 했다. 엉덩이를 쳐들고 게처럼 옆으로 움직였다. 쉼 없이 펄떡이는 멸치를 손으로 잡는 덴 한계가 있어 구덩이를 파 놓고 거기에 마구 밀어 넣었다. 신체의 모든 감각 기관이 초능력을 발휘하듯 움직였다.

하얗게 반짝이던 멸치는 어둑어둑해지면 형광에 가까운 빛을 냈다. 멸치에 있는 인 성분 때문이었다. 움직일 때마다 떨어지는 멸치 비늘은 제각기 하나의 별이 되었다. 마치 바다 기슭을 따라 은하수가 내려앉은 것처럼 보였다. 신기루 같은 빛도 멸치도 사라진 뒤엔, 파도 소리와 어둠만이 남았다. 홀린 듯이 멸치 떼를 따라왔던 길을 되돌아 걸었다. 운이 좋으면 멸치를 따라 나온 오징어를 발견하기도 했다. 그 많은 멸치 중에 내 손에 잡힌 멸치는 얼마 되지 않았다. 하지만 내 마음은 만족감으로 벅차올랐다.

고향에서 가장 행복했던 순간을 묻는다면 위에 나열한 순간들이다. 내겐 놀이도 그런 재미난 놀이가 없었다. 엄마 아빠가 싸워도 당장 먹을 게 없어도 그 순간만큼은 다른 생각이 내 머릿속을 침투할 수 없었다. 버거운 현실에서 도피할 수 있던 곳, 계절마다 선물을 내어 주던 고향 바다. 내가 아직까지 살아 있는 데는 이런 추억들이 나를 지탱해 줬기 때문이라 생각한다. 수평선에 펼쳐진 오징어잡이 배의 집어등, 불빛 한 점 없는 시골 하늘에 펼쳐진 은하수, 별똥별, 귀뚜라미 울음소리, 파도 소리 이런 것들이 나를 살게 해 줬다. 모든 게 풍요로운 서울에서 살며 내가 그리워하는 것들이다.

몇 번의 생일

~~~~~~~~

포도송이처럼 탐스러운 꽃을 달고 꿀벌을 부르는 아카시아. 꽃잎을 돌돌 말아 뾰족하게 밀고 올라와선 붉은 꽃잎을 펴는 해당화. 백사장 언덕을 뒤덮는 갯완두의 보랏빛 출렁임. 뜨거운 햇볕과 시원한 바람이 왈츠를 추는 오월, 나는 개월 수를 다 채우지 못하고 태어났다.

경성에서

초등학생 2학년 때쯤이었다. 모내기가 끝나고 부쩍 햇빛이 뜨거워지기 시작했다. 봄바람과 여름 햇볕이 술래잡기를 하는 듯한 날이었다. 학교 수업이 끝나고 해풍을 맞으며 밥을 먹으러 집에 갔다. 대문을 열자 마당엔 무대 조명처럼 햇빛이 가득했다. 활짝 열린 두 창문과 출입문으로 신나는 멜로디가 흘러나왔다. 남한 가수들이 부른 트로트였다. 그중에서도 내가 가장 좋아했던 김범룡의 <바람 바람 바람>이 들렸다.

창문 너머로 방 안에 차려진 생일상이 보였다. 고양이가 지나간 것처럼 밥상이 어수선한 걸 보니 이미 마을 사람들이 먹고 일어난 것 같았다. 엄마가 해바라기 같은 얼굴로 나를 맞았다. 얼른 들어와 밥을 먹으라고 손짓했다. 웃는 엄마의 얼굴이 내 마음에도 전등을 켰다. 잔치 분위기도 좋았지만 엄마가 웃는 얼굴로 집에 있는 게 가장 좋았다. 엄마가 아빠와 도저히 못살겠다고 집을 나갔다 돌아온 지 얼마 안 되었을 때였다. 아빠가 변하지 않으면 엄마는 또 도망갈 것이었다.

늘 전쟁통이던 집안이 휴전이라도 한 것처럼 평화로웠다. 아빠는 취해서 윗방에서 자고 있었다. 기분이 좋아 보였다. 자세히 보니 팔에 붕대가 감겨 있고 붕대엔 피가 배어 있었다. 싸움이라도 난 줄 알고 엄마한테 무슨 일이 있었는지 물었다. 아빠가 창고 지붕 위에 올라 뒷집 아저씨에게 빨리 술을 마시자고 부르다 떨어졌다 했다. 창고 지붕이 오래된 철판이라 무게를 지탱하지 못하고 내려앉으며 일어난 사고였다. 부서진 쇠에 오른팔 바깥쪽 살이 푹 파였다. 엄마가 소독하고 붕대를 감으며 술을 마시지 말라고 했지만 말을 들을 사람이 아니었다. 뒷집 아저씨와 술을 잔뜩 마시고 취해 자는 중이었다.

아빠가 술에 취해 자는 동안은 엄마와 내게 안전이 보장됐다. 꼭 엄마와 나를 사냥하던 늑대가 다쳐 누워 있는 것처럼 보였다. 몇 시간은 걱정 없이 있어도 된다 생각하니 마음이 놓였다. 엄마가 생일상을 차려 줬다. 열려진 창문으로 빛이 들고 음악이 흘렀다. 오늘 밤엔 엄마가 도망가지 않겠구나 생각하니 내 마음에도 즐거움이 비집고 들어왔다. 그날, 피 흘리며 쓰러져 있던 아빠와 넘쳐흐르던 햇살과 음악, 햇살처럼 웃던 엄마 얼굴이 조금은 기이한 영화의 한 장면 같다. 어쩌면 내가 만들어 낸 이상한 꿈이었을지도 모른다.

청진에서

내게 청진 집을 맡겨 놓고 엄마, 막내 이모, 이모부가 황해도로 장사를 떠난다 했을 때였다. 엄마와 이모네가 국경 근처에서 중국인과 통화하다 탐지기에 걸린 뒤로 쑥대밭이 됐다. 그러잖아도 탈북했다가 잡혀 온 엄마 때문에 마음고생이 많았던 외할머니는 이모네 가족까지 국경으로 갔다는 말에 질겁했다.

　외할머니도 나도, 보안원도 이모네가 탈북할 거라곤 생각하지 않았다. 찾아오는 보안원들 얼굴이 시차를 두고 천사에서 악마로 변했다. 외할머니는 이불을 펴고 누웠다. 국경에서 숨어 버린 엄마와 이모네가 중국으로 넘어가도 두 딸을 잃는 일이고, 잡혀서 돌아오면 그만한 좌절도 없었다. 외할머니는 기도하듯 바들바들 떨며 창가에 놓여 있는 제라늄 화분에 물을 줬다. 집에 화분이 잘 자라면 그 집 사람들 일도 잘 풀린다 했다.

　시끄러운 몇 주가 지나고 근처에 사는 이모부 친척이 찾아왔다. 집에 도청 장치가 있을지도 몰라 귀에다 대고 소곤소곤 말했다. 이틀 전 국경에 남아 있던 이모와 엄마까지 모두 국경을 넘었다고. 외할머니가 가느다란 숨을 길게 내쉬었다. 나는 벽에 걸린 달력을 봤다. 이틀 전이 내 열다섯 번째 생일이었다. 무사히 국경을 넘어갔다는 말이 생일 선물처럼 들렸다. 창가엔 코랄 빛의 제라늄이 줄줄이 많은 꽃을 피워 내고 있었다.

한국에서

　학생이라는 신분으로 살고 있을 때였다. 새벽 다섯 시였다.

전화벨 소리가 알람보다 먼저 울렸다. 잠결에 받아 보니 엄마였다. 둘째 이모부가 국경까지 왔으니 빨리 전화를 해 보라며 번호를 남기고 끊었다. 치직 치직 잡음 사이로 익숙하지만 낯선 목소리가 들렸다. 고작 몇 년이었지만 나는 고향 말투가 귀에 거슬릴 만큼 변해 있었다.

짧은 안부 인사 뒤로, 착하게 감사해하며 어디서나 장군님 말씀대로 살라는 이모부 말이 들렸다. 나는 장군님은 무슨 장군님이냐고 몇 마디 뱉었다. 몇 년을 기다린 시간에 주고받은 이야기가 고작 장군님 이야기에 사상 교육이라니. 내 속에서 뜨거운 반항이 일었다. 북한이라는 곳에 순응해 살아가고 있는 사람들에게 화가 났던 것일까. 그 속에서 똑같이 살았던 나의 지난날이 억울해서였을까. 참을 수 없이 화가 났다. 하지만 평생 세뇌 교육을 받은 군인이었던 이모부의 믿음을 깰 수 있는 말은 별로 없었다.

그날 이모부와 허무하게 끝난 통화는 다시 이어지지 않았다. 나중에야 그 귀한 시간에 다른 말 한마디라도 할걸 생각했다. 어쩌면 도청의 위험 때문에 이모부가 그런 말을 했을지도 몰랐다. 몇 년 전 세상을 떠난 이모부 목소리를 이제 들을 수 없다. 그날, 둘째 이모부 목소리는 내게 주는 마지막 생일 선물이었다. 김가네를 찬양해도 좋으니 목소리만이라도 들려주면 좋겠다.

하늘에 맺힌 총성

~~~~~~~~

 친구들과 이야기를 하다 공개 처형을 봤냐는 질문이 나왔다. 나까지 네 명이었는데 모두 한 번쯤은 본 적이 있었다. 남한의 보통 사람들이라면 이런 질문을 하지 않겠지만 우리는 총살을 봤는지, 죽을 고비는 몇 번 넘겼는지, 고향에 가족들이 있는지, 며칠 동안 굶어 봤는지 이야기하곤 한다.

 나는 집으로 돌아오는 길에 엄마에게 전화를 걸었다.

 "엄마, 고향에서 공개 처형 본 적 있어?"

 질문이 끝나기도 전에 기다리고 있었다는 듯 엄마가 말했다.

 "그럼 봤지. 처음 봤을 땐 밥도 못 먹었어. 비위가 좋아서 입맛 떨어진 적이 거의 없는데 그거 보고는 못 먹겠더라."

엄마는 그날을 누에고치처럼 풀어내기 시작했다.

"엄마가 고등중학생 때였어. 수업하고 있는데 갑자기 운동장에 다 모이라는 거야. 대열을 맞춰서 선생님이 가는 대로 따라갔어. 학교에서 조금 떨어진 논밭에 멈추더라. 가을걷이를 막 끝낸 논밭이었어. 십 분 정도 기다리니까 군인용 트럭 한 대가 뿌옇게 먼지를 날리며 오는 거야. 끼익 하고 급제동으로 멈추고는 자루에 넣은 뭔가를 부려 놓더라고. 축 늘어져 있는 게 뭔가 보니 반죽음이 된 사람이지 뭐야. 사람이 얼마나 맞았는지 시체나 다름없었지. 언제 박아 놨는지 논밭에 기둥이 세 개 있었어. 거기다 사람을 묶더라. 집행관처럼 보이는 사람이 묶여 있는 사람 이름을 순서대로 부르고 죄명을 불렀어. 마지막으로 죄인은 할 말이 있는가, 없으면 사형에 처한다. 사형! 명령하고 탕탕탕! 바로 총소리가 들렸어. 사람이 관절이 꺾여서 헌 신짝처럼 기둥에 걸려 있는데… 검붉은 피랑 골수가 섞여 흘러서… 그 뒤로도 일 년에 몇 번씩 장마당 언덕에서 사형 집행을 했어. 사람들은 구경거리라고 구경하던데 엄마는 끔찍해서 피해 다녔어. 근데 보고 안 보는 것도 어디 내 마음대로 할 수 있니? 길을 다 봉쇄하고 강제로 보게 하는 바람에

널 업고 본 적도 있어. 넌 기억 안 나지?"

나는 엄마 등에 업혀서 공개 처형을 본 기억은 없지만 멀리서 지켜본 기억은 있다. 내가 일곱 살이 되던 해 봄이었다. 엄마가 아빠와 더는 못 살겠다고 집을 나가고 할머니가 바닷가 집에 와서 살림을 한 지도 몇 개월이 지났을 때였다. 나는 아침밥을 먹고 아저씨들이 모두 바다로 나갈 시간을 기다렸다. 해마다 과부가 속출하는 어촌 마을에선 첫 손님으로 여자가 가는 것은 금기였다.

나는 열 시가 되자마자 앞집 K네로 달려갔다. 대문 없는 집이라 현관이 바로 보였다. 문이 잠겨 있었다. 나는 아쉬움도 잠시 다른 친구를 찾아 나섰다. 그런데 온 마을이 잠이라도 든 것처럼 조용했다. 그날처럼 모든 집이 텅텅 비는 일은 드물었다. 갈 길을 잃고 길목에서 서성거리는데 해변 쪽에서 동네 아저씨가 걸어왔다. 아저씨는 나를 보더니 넌 구경하러 가지 않느냐 했다. 무슨 일인지 모른다는 듯이 아저씨를 올려다봤다. 윗마을에서 공개 처형을 한다는 것이었다. 그리고 보니 마을 사람들 모두 구경을 간 것 같았다.

아저씨 말을 듣자마자 집으로 달려가 할머니에게 윗마을로 구경 가자 했다. 윗마을까지 걸어가려면 어른 걸음으로 삼십 분 정도 걸렸다. 평소 구경거리를 좋아하던 할머니는 알겠다며 흔쾌히 일어섰다. 나는 처음 구경하는 사형 집행을 놓칠까 봐 마음이 조급해졌다. 강과 논둑을 가로지르는 지름길로 들어섰다. 작은 두 다리를 부지런히 재촉했지만 논밭에 잘린 벼 줄기가 발목을 찌르고, 질퍽한 흙이 신발에 달라붙어 속도를 낼 수 없었다.

윗마을에 다가갈수록 어른거리던 형체가 조금씩 선명해지기 시작했다. 그때, 땅! 땅! 땅! 하는 소리가 들렸다. 하늘이 찢기는 것 같았다. 주변 산마루로 올라간 총소리가 쩡쩡 하며 다시 울려왔다. 나는 총소리에 깜짝 놀라 그대로 멈춰 섰다. 총성이 한 번 더 울렸다. 두 번째엔 나도 모르게 손바닥으로 귀를 막았다. 그때 총살과 죽음의 의미는 몰랐지만 총소리가 얼마나 공포스러운지 알게 됐다. 나는 그 순간에도 구경을 놓친 게 아쉬워 발을 동동 굴렀다. 산자락에 머물러 있던 총성이 사라지자 모여 있던 어른들은 뿔뿔이 흩어졌다. 아이들은 탄피를 줍느라 고개를 숙이고 개처럼 주변을 어슬렁거렸다. 탄피를 훈장처럼 목에 걸고 총살을 옛말처럼 떠드는 친구들 탓에 제대로 보지 못한 가슴앓이가 며칠 동안 계속됐다.

친구의 말을 떠올렸다. 사형수의 머리가 터지는 걸 가까이서 봤다고. 사람의 골수가 터졌는데 아이들은 재미나다는 듯 웃었다고. 지금 생각하면 소름 돋지만, 그땐 그게 잔인하다는 걸 못 느꼈다고. 그때 웃고 있던 나 자신이 무섭다고.

구경을 놓쳤다고 아쉬워하던 내 모습이 엉켜돌았다. 평범한 일인 것처럼 일상에 스며든 잔혹함은 저마다의 깊은 곳에서 현실이라는 촉매제와 만나 발아되었다. 척박한 환경일수록 악취를 풍기며 모습을 드러냈다. 문제는 그 속에 있으면 악취가 나는 걸 모르거나 알아도 벗어날 방법이 없다는 것. 그렇게 살아갈 뿐이었다. 문득 문득 내가 다 보지 못한, 내가 잠시 살다 온 그곳이 진짜였는지 의심이 들 때가 있다.

못생기면 어때

벚꽃이 만개한 어느 봄날 동네를 거닐다 새로 오픈한 자그마한 로스팅 카페를 발견했다. 메뉴판에 싱글 원두 종류가 적혀 있었다. 우리 동네에도 스페셜티 카페가 생겼다는 사실이 반가웠다. 커피를 주문하고 바 의자에 앉았다. 바 테이블이라 어쩔 수 없이 모든 행동을 볼 수밖에 없었다. 원두를 계량하고 물을 붓고 얼음을 따르는 모습을 보는데 사장님 행동보다 손에 자꾸 시선이 갔다. 또래로 보이는 사장님 손은 평생 뱃일을 한 할아버지 손처럼 거칠고 투박했다.

손을 보고 있자니 사장님의 과거가 궁금해졌다. 도대체 무엇을 했기에 손이 저리되었을까. 커피 한 잔에 집중한다는 슬로건을 내세운 것을 보니 커피에 푹 빠진 사람 같은데. 얼마나 많은 원두를 고르고 로스팅을 했으면 저렇게 될까. 어떤 마음으로 이 작고 한적한 곳에 스페셜티 카페를 열었는지 호기심이 생겼다. 초면이라 말을 걸기 뭣해 호기심을 잠재우고 커피만 마셨다.

그 후로도 종종 카페를 찾았다. 커피가 다양하고 맛있는 카페였지만 카페를 생각하면 사장님 손이 가장 먼저 떠올랐다. 손이 꼭 사장님 명함 같았다. 아무 커피를 주문해도 투박한 그 손으로 내린 커피는 한 방울까지도 정성으로 내릴 것 같은 믿음을 줬다.

시간이 좀 지나고 조심스럽게 손에 대해 이야기했다. 이미 꽤 많은 손님들에게 같은 질문을 받았던 것 같았다. 커피 때문이었을 거란 내 예상과 달리 험한 일과 험한 운동을 하며 관리를 하지 않은 탓이라 했다. 처음엔 사람들 시선이 부끄러웠는데 이젠 오히려 마스터 이미지로 봐 줘서 고맙다고. 이 손엔 카페 일이 천직 같다며 웃었다.

나는 사장님 이야기를 들으며 내 발을 생각했다. 내 발은 부위별로 다 못났다. 평발에 발바닥은 두툼하고 엄지발톱은

살을 파고들어 삐죽 올라온다. 그 탓에 발톱이 조금만 자라도 아프고 양말에도 신발에도 구멍이 생긴다. 나머지 발톱은 품종이 다른 다육처럼 제각기 생긴 데다 네 번째 발가락은 다른 발가락에 비해 두 마디 정도 작다. 꼭 어른 발가락 사이에 아이 발가락을 끼워 놓은 것처럼.

네 번째 발가락이 더 이상 자라지 않는 걸 알게 된 건 다섯 살때쯤이었다. 친구들과 바다에서 물놀이를 하고 집에 들어왔는데 안방에 앉아 담배를 피우던 아빠가 나에게 가까이 오라 했다. 아빠는 나를 무릎에 앉히고 담배를 깊게 빨아들인 뒤 숨을 천천히 내쉬었다. 아빠 입과 콧구멍에서 나온 연기가 허공에서 해파리처럼 움직였다. 재떨이에 담뱃재를 털다 모래가 잔뜩 달라붙어 있는 내 발을 보더니 고개를 갸웃했다.

"응? 좀 작은데?"

아빠가 내 발가락을 하나씩 잡아당기며 부엌에 있는 엄마를 불렀다. 엄마는 내 발가락을 보더니 나중에 자랄 거라며 대수롭지 않게 여겼다. 그러나 발가락은 더 이상 자라지 않았다. 나는 그때부터 잘 때 빼곤 양말을 벗지 않았다. 잠들기 전 머리맡에 양말을 두고 눈을 뜨면 바로 양말부터 신었다. 양말이 팔을 뻗는 곳에 없으면 불안했다. 내게 양말은 발가락을 가리는 가면 같은 것이었다.

　다른 발가락이 자랄수록 네 번째 발가락이 더 작아 보였다. 그때마다 엄마는 내가 태중에 있을 때 아빠가 장례나 멸례[29]를 다닌 탓이라 했다. 엄마가 나를 가졌을 때 아빠가 어느 집 멸례에 갔는데 뼈를 다시 맞춰 묻을 때 발가락 뼈를 잃어버린 채로 묻었다는 이야기를 원망조로 말했다. 아빠는 임신 중에 문어나 게를 먹어서 그런 게 아니냐며 고개를 돌렸다. 나는 엄마 아빠 말을 들으며 어떤 이유로 네 번째 발가락이 자라지 않는지 생각했다.

　한국에 온 뒤 발가락 때문에 큰 걱정이 생겼다. 북한에선 발가락을 다 덮는 편리화[30]를 주로 신다 보니 걱정할 일이 없었다. 그러다 발등에 얇은 줄 하나 붙어 있는 샌들이나 비슷한 구두 앞에서 고민이 생겼다. 나도 그런 구두를 신고 싶었다. 하지만 내 발은 볼이 넓은 데다 발가락도 작지 않은가.

　나는 한여름에도 발등까지 다 덮는 구두나 운동화만 신었

---

29)　묘를 쓰고 10년 뒤 묘를 파내 썩은 살과 옷을 정리하고 뼈만 다시 묻는데 이장하거나 가족과 합장함.
30)　스니커즈와 비슷하게 천과 고무바닥으로 된 여자 신발.

다. 그러다 보니 땀이 차고 살이 겹치는 네 번째 발가락 근처 피부가 찢어지곤 했다. 내 신체 중 제일 작은 발가락이 가장 신경 쓰이는 곳이 되었다. 내 마음에 드는 신발을 찾는 건 꽤나 어려웠다. 가끔 디자인도 마음에 들고 불편하지 않은 신발을 찾게 되면 똑같은 신발을 하나 더 샀다.

   그러던 어느 날 타인 앞에서 양말을 벗어야 할 일이 생겼다. 서울에 있는 대안 학교를 다닐 때였다. 방학을 앞둔 어느 날 2박 3일 캠프 일정이 잡혔다. 당시 나는 밖에서 자는 게 죽을 만큼 어려웠다. 참석하지 않을 온갖 핑계를 찾았지만 빠질 수가 없었다. 할 수 없이 속옷보다 양말을 더 많이 챙겨서 캠프를 갔다. 캠프에 가서야 일정 중에 세족식이 있다는 걸 알았다.

   촛불만 켜 놓은 탓에 주변이 어두웠다. 온갖 걱정을 하던 나는 화장실에 가는 척하며 세족식을 끝낸 친구들 틈에 슬쩍 앉았다. 친구들은 내가 세족식을 마친 줄 알았지만, 70명의 학생이 전부인 학교에서 선생님들 눈엔 뻔히 보였다. 나는 영어 선생님의 끈질긴 설득 끝에 마지막으로 세족식에 참여했다. 영어 선생님이 내 발을 씻기다 조금 멈칫했다. 선생님은 다시 태연하게 발을 씻겼지만 나는 들켜 버린 비밀이 마음에 걸렸다.

세족식이 빨리 끝나기만을 기다리는데 눈물로 기도하는 선생님 모습이 내 마음을 자꾸 흔들었다. 마치 바람이 나무를 흔들어 깨우는 것 같았다. 뜨거운 뭔가가 손길에서 느껴졌다. 어느새 내 눈가에도 눈물이 줄줄 흘렀다. 흐르는 눈물에 꽁꽁 얼었던 마음이 한 겹씩 벗겨졌다.

　뒤돌아보니 나는 놀랍도록 변해 있었다. 나의 못난 발을 주제로 글을 쓰고 있으니 말이다. 이 글을 누군가 읽는다면 나의 못난 발을 들켜 버리는 건데도 쓰고 있다. 내가 이렇게 변한 건 무엇 때문이었을까? 자존감이다. 자라지 않는 발가락이 문제가 아니라 어린 아이에서 크지 못한 내 마음이 문제였다. 갇혀 있던 어린 아이를 성장하게 해 준 사람 중엔 내 발을 씻겨 준 영어 선생님이 있었고, 나를 진심으로 대해 준 나이 많은 친구가 있었고, 옛 시인들이 있었다. 셀 수도 없는 많은 사람들과 책이 있었다.
　더 이상 내게 양말을 벗는 일은 아무것도 아니다. 못생기면 뭐 어때? 이게 난데.

이제 당신을 지웁니다

어른들은 왜 술을 마실까, 물 같은 액체를 마시곤 왜들 웃고 싸울까 이해가 되지 않았다. 그중에서도 아빠라는 사람과 술의 관계가 가장 궁금했다. 우리 집 달력에 동그라미가 쳐진 날들이 있었는데 아빠가 취하지 않은 날이 일 년에 며칠이나 되는지 보려고 엄마가 표시해 놓은 거였다. 일 년에 보름 남짓밖에 되지 않았다.

우리 집은 사슴과 사자가 같이 사는 동물원 같았다. 긴장을 풀고 있다간 어떤 봉변이 들이닥칠지 몰랐다. 술에 취한 아빠는 사냥감을 노리는 포식자처럼 엄마에게 달려들고 엄마는 요리조리 빠져나갔다. 아직도 선명히 기억나는 장면이 있다. 집에 들어온 아빠가 출입문을 잠그며 들어왔다. 엄마에게 넌 오늘 죽었다며 도낏자루를 찾아 들었다. 하얗게 질린 엄마가 윗방으로 밀려나며 이유도 모르면서 빌었다. 급한 마음에 윗방 창문을 열어 봤는데 열렸다. 엄마는 창문을 넘어 도망쳤다. 그날 엄마를 때리지 못한 아빠는 창문에 대못을 박았다.

    동생이 아장아장 걸을 때였다. 엄마는 맨발로 도망가고 나는 급히 동생을 포대기로 업었다. 아빠가 휘두르는 도끼에 출입문 유리가 깨지고 문짝이 부서졌다. 포탄이 터지는 것 같이 요란한 소리가 났다. 동생과 나는 집 안에 갇혀 나가겠다고 울며 소리쳤다.

    하루는 동생이 길에서 운다고 목덜미를 잡고 와선 물통에 거꾸로 처넣었다. 내가 그날 옆에 없었다면 동생은 죽었을 거다. 새파랗게 질린 동생을 품에 안고 신이 있다면 제발 아빠를 데려가 달라고 빌었다. 엄마가 맞은 일들은 다 나열할 수도 없다. 나는 두 번 정도 아빠한테 맞았다. 한번은 억울하게 뺨을 맞아 쌍코피를 흘렸고 한번은 아빠가 동생 뺨을 때리는 걸 말리다 발길질에 맞아 일어나지 못했다.

    나는 매일 아빠라는 존재가 사라져 주길 간절히 기도했다.

길을 가다 벼락이라도 맞으라고. 내겐 맛있는 간식을 먹는 아이들보다 집에 컬러 티브이가 있는 아이들보다 아빠 없는 아이들이 부러웠다. 아빠만 없으면 엄마가 울 일도 맞을 일도 없고, 도망쳐야 하는 상황을 대비해 양말과 옷을 입고 잘 일도 없었다. 밤이 늦도록 아빠가 집에 들어오지 않으면 엄마와 나는 잠을 자지도 못했다. 그런 밤이 매일이었다. 깊은 밤 덜덜 떨며 남의 집 문을 두드린 게 몇 번인지 모른다.

나는 아무런 힘도 없이 엄마가 맞는 걸 지켜보며 내 출생을 저주했다. 내가 없었다면 그 꼴을 보지 않아도 됐을 텐데, 엄마는 어디든 도망갈 수 있었을 텐데. 내가 엄마 발목을 잡은 족쇄 같았다. 나를 낳은 엄마가 미웠다. 내가 선택하지 않은 삶이 아팠다. 살아 내야 하는 생이 버거웠다. 그냥 우릴 낳지 않았다면, 그랬으면 얼마나 좋았을까 하는 마음이 오랫동안 이어졌다. 또 동생은 어떨까. 언니, 엄마와 헤어져 사는 설움을 누가 알까.

맨 정신엔 양반 같은 사람이 그 액체를 마시고 미친 개가 되는 걸 보며 술을 싫어했다. 술을 마시고 나오는 술주정, 시비조의 말, 높아지는 목소리가 싫었다. 아빠를 향한 미움은 술을 혐오하는 모습으로 이어졌다. 그리고 무책임한 부모들을 미워하게 되었다.

내가 처음 술을 마신 건 청진에서 온 동거인과 같이 살았을 때였다. 두 번째로 술에 입을 댄 건 서울에서 대학을 다닐 때였다. 우울, 죄책감, 무기력, 적응, 용서 등의 감정이 파도처럼 나를 덮치고, 일어나기도 전에 쓰러지길 반복하던 때였다. 한강에서 불꽃 축제가 있던 시월 첫째 주 토요일이었다. 아빠도 시월 첫째 주 그즈음 차 사고로 죽었다. 마음속 깊이 뿌리내린 아빠를 향한 원망은 몇 년이라는 시간이 지나자 더 이상 원망이 아니었다. 처음으로 아빠도 불쌍한 인간이었다는 생각이 들었다. 만약 살아서 이곳에서 만난다면 같이 살진 못하겠지만 몇 시간 정도는 같이 있을 수도 있겠다 싶었다. 그런 마음이 엄마한텐 죄스럽기도 하고 나의 과거와 빗대어 서글프기도 했다.

미워했던 사람을 더 이상 미워할 수 없게 되자 나는 술을 찾았다. 편의점에서 소주를 사다 집에서 병째 마셨다. 아빠가 죽어서 가능한 용서였다. 만약 살아 있었다면 절대 용서 따위 하지 않았을 것이다. 내 마음에 미움으로 가득 찬 공간을 술로 채웠다. 그러곤 불꽃이 터지는 한강에 혼자 갔다. 인파에 인파가 징그럽게 밀려다녔다. 다들 웃고 있었다. 혼자 한강에 앉아 축제가 끝나고 빠져나가는 사람들을 보며 맥주를 마셨다.

걸어서 마포대교를 건넌 그날, 마음의 옷 한 벌을 벗어 버렸다. 쓸쓸하고 후련했다. 당신 앞에서 벌벌 떨던 나는 이제 없다고 당신을 미워하며 아파할 시간조차 없다고, 나는 다만 잊겠다 말했다. 이제 더 이상 미워하지도 기억하지도 않겠다고.

그래서 지금 술을 마시느냐고 묻는다면 그렇다. 다들 마시는 것처럼 즐겁게 마신다.

사진

 마지막으로 찍은 가족사진이 있다. 4월 15일 김일성 생일이 며칠 지난 어느 날이었다. 장마당 가는 길에 엄마가 사진을 찍자며 경성읍에 있는 사진관 앞에 멈췄다. 당시에 사진을 찍는 건 일상적인 일이 아니었다. 누군가와 헤어질 때 기념으로 찍거나 남녀가 만났을 때, 잔치나 명절을 기념하며 찍는 거였다. 필름 카메라여서 한 번 찍으면 끝이었다. 여럿이 찍은 사진을 보면 그중에 한 명은 꼭 눈을 감고 있었다.

 나는 사진을 찍는 것만으로 즐거웠다. 나란히 두 개의 사진관이 있었는데 한쪽 사진관 포토 존이 더 화려해 보였다. 소품으로 오토바이도 세워져 있었다. 우리는 그 사진관에서 사진을 찍기로 했다. 나는 사진사가 시키는 대로 오토바이 핸들을 잡고 올라앉았다. 오토바이가 외발 지지대 쪽으로 쏠려 있어 온몸에 힘이 들어갔다. 세상 부자연스럽게 앉아 있는 내 옆에 분홍색 옷을 입은 동생이 앉고 그 옆에 짙은 파란색 추리닝을 입은 엄마가 서 있었다. 그 짧은 순간 불편했던 내 근육과 동생의 해맑은 표정, 유난히 기분 좋아 보였던 엄마까지 선명히 기억에 찍혔다.

그다음 해 봄, 엄마는 그 사진을 품에 넣고 탈북 길에 올랐다. 예감이라도 했는지 중국에 잠시 머물 때 브로커 휴대폰으로 그 사진을 찍어 뒀다. 그 뒤 엄마는 북송되었고 사진은 어디로 사라졌는지 몰랐다.

사진 찍을 때 내가 입었던 옷(벨벳 재질에 가슴팍이 희고 나머지는 짙은 코발트블루의 추리닝)은 엄마가 탈북한 뒤 장마당 중고 가게에 걸려 깃발처럼 흔들렸다. 내게 옷이 좀 작아지자 엄마가 옷을 팔았는데 돌고 돌아 다시 중고로 팔린 것 같았다. 한동안 팔리지 않고 옷 가게에 걸려 있는 옷을 보며 내 추억도 같이 걸려 있는 것 같아 쓸쓸했다.

긴가민가하며 길을 떠난 나도 사진 한 장 가져오지 못했다. 어떤 탈북민들은 앨범을 전부 갖고 오기도 하고 잔치나 환갑에 찍어 놓은 영상도 갖고 온다는데 우리 집은 사진 한 장 없었다. 보며 그리워할 것도 없으니 내겐 자연과 꿈이 그리움의 밭이었다. 단풍이 붉게 물들면 수많은 낙엽만큼 그립고, 비가 쏟아지면 빗줄기처럼 그리움이 쏟아지고, 봄꽃이 흔들리면 꽃 따라 그리웠다. 점점 커 가는 동생을 상상도 할 수 없었다. 꿈속에 나타나는 동생은 두세 살, 내 손으로 키울 때 모습뿐이었다.

다행히 중국 브로커가 사진을 지우지 않아 엄마가 한국에 온 뒤 그 사진을 메시지로 전송 받았다. 북한에서 필름으로 찍은 사진을 중국 휴대폰으로 찍어 화질이 좋을 수가 없었다. 얼굴이 선명하지 않은 그 사진을 다시 인화했다. 눈을 감고 그려 보는 동생 얼굴이 사진보다 더 선명했지만 사진 한 장이라도 남아 다행이었다.

동생이 보고 싶으면 흐린 사진을 보고 기억 속을 헤매며 그렸다. 그렇게 일 년, 이 년, 어느덧 십오 년이 흘렀다. 여섯 살때 헤어진 동생이 성인이 되었고, 최근에야 동생 사진을 받을 수 있었다. 나와 많이 닮은 걸 보니 내 동생이구나 싶었다. 그동안 내 머릿속엔 온갖 상상들로 가득 찼는데 뿌연 안개가 태양 앞에 사라지는 것 같았다. 길에서 마주쳐도 못 알아볼까 봐 두려웠는데 마음이 놓였다.

사진 속 동생은 예쁨 받으며 자란 것 같았다. 그랬길 바라는 마음이 크다. 언니와 엄마가 주지 못한 사랑을 다른 곳에서 채우려면 몇 배는 더 받아도 부족할 테니까. 사진을 보며 그간의 빈 시간을 상상으로 채워 넣었다. 학교 친구들과는 어떻게 지냈을까, 서럽거나 힘든 순간들은 많았을까, 혼자 남겨 두고 떠난 우리를 많이 원망했을까, 그리워했을까.

우리 자매의 삶이 사진 몇 장으로 요약되는 현실을 생각하면 가슴이 미어진다. 몇 년 뒤 날아오는 사진에 동생이 남편과 함께 있거나 아이와 함께 있다면 그 빈 시간 동안 어떤 일들이 있었는지 나는 모를 것이다. 상상으로 채워 넣어야 한다. 그렇게 우리가 할머니가 된다고 생각하면 무섭다. 그때도 만나지 못한다면 그리움의 감정도 노화되는 신체처럼 늘어지고 힘이 없을까, 더 절절해질까. 나는 두렵다. 우리 삶에 이별만 있고 재회는 없을까 봐.

작가의 말

살고자 시작한 일이 욕심이 되어 여기까지 왔습니다.

가끔, 지난 시간이 꿈이거나 소설이 아니었을까 생각합니다. 꿈은 깨고 나면 잊힙니다. 스스로 꿈이라 여기기 전에 기록으로 남깁니다. 이제는 지난 시간이 꿈이어도 괜찮습니다.

이미 많은 탈북 작가들이 저마다의 이야기를 책으로 펴냈습니다. 저는 될수록 가볍게 쓰려 애썼습니다. 여기에 다 싣지 못한 이야기는 때가 되면 맞춤한 장르의 옷을 입혀 세상에 내놓으려 합니다.

저는 대단한 역사의 한 자리에 있었던 것도 아닌데, 기록하고 남겨야 한다는 의무감을 느낍니다. 제가 써낸 것이 풋과일 같다는 것을 압니다. 제 손을 떠난 이상 독자들 품에서 후숙의 과정을 거치길 바랍니다.

하얀 겨울을 걷는 이들에게 버텨 보자 말하고 싶습니다. 책 속에 있는 모두에게, 동생에게 전하는 말이기도 합니다.

십 년 전, 출판을 약속해 준 출판사 대표이자 작가인 재현 오빠, 출판 지원금을 받을 수 있게 도와준 지영 언니, 사랑하는 가족들에게 고맙습니다. 곰곰나루에서 문학을 배울 수 있게 해 주신 박덕규 교수님께도 고맙습니다.

겨울, 당신의 달에서

오은정 에세이

이 상 한
나 라 에 서
왔 습 니 다

초판 1쇄 인쇄 2024년 12월 13일
초판 1쇄 발행 2024년 12월 20일

글	오은정
편　　집	박재현
디　자　인	이미진
교　　정	이윤주, 심혜지, 박수정
발　행　처	미구출판사
인　　쇄	동아문화사
이　메　일	migubooks@naver.com
I S B N	979-11-973505-5-9

이 책의 판권은 지은이와 미구출판사에 있습니다.
이 책은 2024년 남북통합문화 콘텐츠 창작지원 공모 선정작으로
통일부 남북통합문화센터와 남북하나재단의 지원을 받아 발간되었습니다.

ⓒ 오은정, 2024년